Die Weine aus Burgund

FALKEN Vinum

Vinoteca

Die Weine aus Burgund

Thomas Vaterlaus

Bouteilles
1982

Die kulinarischen Hochzeiten

Die Küche ist so deftig und ländlich wie ihre Bewohner. Burgund gilt als das kulinarische Herz Frankreichs. Zusammen mit den eigenständigen Weinen entstehen Mariagen der besonderen Art.

Die schönsten Güter, die besten Weine

Neben Spitzendomänen werden auch Häuser empfohlen, die solide Qualität zu bezahlbaren Preisen bieten.

Die Vinoteca-Empfehlungen: die Weine mit dem besten Preis-Wert-Verhältnis

Gut einkaufen, klug einkellern, richtig servieren

Eine praktische Anleitung, wo Sie die Weine ihrer Wünsche am besten einkaufen und wie Sie damit umgehen.

Burgund heißt Terroir

Der Ruhm Burgunds beruht auf zwei Rebsorten: Chardonnay und Pinot noir. Beide Sorten haben in den letzten Jahren einen Siegeszug rund um die Welt angetreten, doch im heimatlichen Burgund entfalten sie ihre vielfältigen Charaktereigenschaften am eindrücklichsten.

Die Bandbreite reicht von einem einfachen weißen Mâcon oder einem Bourgogne Rouge bis zu den einzigartigen Spitzenweinen aus den Grand-cru-Lagen. Ein weißer »Le Montrachet« oder ein roter »Le Richebourg« gehören für einen Weinliebhaber zu den höchsten aller Genüsse. Auch wenn die Rebberge aus der Ferne betrachtet als einheitliches Band erscheinen, so handelt es sich doch um ein komplexes Puzzle aus verschiedenen Lagen. Jede dieser Lagen hat ihr spezifisches Terroir, geprägt von den Faktoren Boden und Mikroklima. Die Herausforderung für uns Winzer besteht darin, Weine zu keltern, die diese individuelle Herkunft widerspiegeln.

Das Terroir Burgunds ist ein Stück weit Mysterium geblieben. Sicher ist nur: Das Terroir ist unser höchstes Gut. Wir müssen Sorge tragen, es zu bewahren.

Anne-Claude Leflaive,
Weinproduzentin,
Puligny-Montrachet

Vom Mysterium des Terroirs

Wer sich auf Burgund einlässt, wird Überraschungen erleben – positive wie negative. Ein teurer Grand cru aus einem Spitzenjahr vom »falschen« Produzenten kann enttäuschen, eine einfache »Village«-Abfüllung vom »richtigen« Produzenten dagegen begeistern. Für viele ist die Suche nach dem »wahren Burgunder« zu einem lebenslangen Abenteuer geworden.

Schon im Jahr 1336 hatte der Dichter Francesco Petrarca eine einleuchtende Erklärung dafür, warum die Kardinäle den Hauptsitz des Vatikans nicht wieder von Frankreich nach Italien verlegen wollten: »In Italien gibt es keinen Wein wie den Clos Vougeot und ohne ihn glauben sie, kein glückliches Leben führen zu können. Sie betrachten diesen Wein als ihr zweites Element und als Nektar Gottes.«

Der Wein der Mönche

Vieles deutet darauf hin, dass die Gallier hier schon lange vor Christi Geburt Wein kelterten. Doch es waren die Benediktiner des Klosters Cluny, die den Weinbau entscheidend vorantrieben. Schon im 13. Jahrhundert pflegten sie Reben in den Lagen La Romanée, La Tâche, Richebourg und Romanée-St-Vivant, die heute noch als die besten Weinberge Burgunds gelten. Auch die Zisterzienser spielten eine wichtige Rolle. Schon im 14. Jahrhundert besaßen sie in Vougeot so viel Rebland, dass sie es mit einer Mauer umgaben – das war die Geburt des Clos de Vougeot. Die Zisterzienser erkannten als Erste die Bedeutung des Terroirs und teilten das Rebbaugebiet in verschiedene Lagen, so genannte »Crus«, ein.

Chevaliers du Tastevin

»Le Tastevin«, einst die Schale der professionellen Weinverkoster, ist längst vom modernen Degustierglas abgelöst worden. Überlebt hat das Relikt aber als Statussymbol der weltberühmten Confrérie des Chevaliers du Tastevin. Die Weinbruderschaft hat ihren Sitz im Château du Clos de Vougeot und feiert dort zwischen alten Fässern bacchantische Gelage mit kernigen Gesängen, deftigen Speisen und authentischen Burgunderweinen.

Links: Die großen Weine Burgunds reifen in 228 Liter fassenden Eichenfässern, so genannten »Pièces«.

Weingeschichte Burgunds

5. Jh. v. Chr.: Die keltischen Einwohner lernen von den Händlern der griechischen Stadt Massalia (Marseille) den Wein und den Weinbau kennen.
ab 59 v. Chr.: Cäsars Armeen beginnen mit der Eroberung Galliens; für mehr als 400 Jahre ist Burgund Teil der römischen Provinz Gallia.
1098: Der neu gegründete Orden der Zisterzienser erhält vom Herzog von Burgund einen Weinberg in Meursault.
1330: Die Zisterzienser umgeben den Weinberg Clos de Vougeot mit der bis heute bestehenden Steinmauer.
1395: Herzog Philipp der Kühne aus dem Hause Valois verbietet den Anbau der »minderen Sorte« Gamay an der Côte d'Or.
ab 1789: Die Erbgesetze des »Code Napoléon« schreiben die Aufteilung der Weinberge unter jeweils alle Erbberechtigten vor, was zu einer unvorstellbaren Zersplitterung führt.
1935: Schaffung der ersten kontrollierten Ursprungsbezeichnung (Appellation d'Origine Contrôlée, AOC) für einen französischen Wein.

Im Jahr 1395 erließ Herzog Philipp der Kühne ein Dekret, das die Anpflanzung der Sorte Gamay verbot, weil sie nach Ansicht des Herrschers dem Pinot noir an Qualität weit unterlegen war. Als sich beim Weißwein die Chardonnay-Rebe durchsetzte, hatte das Burgund zu seiner charakteristischen Eigenheit gefunden: Im Beaujolais dominiert nach wie vor Gamay, weiter nördlich werden die Burgunder Rotweine aus Pinot noir gekeltert, die meisten Weißweine aus Chardonnay.

Weine für Europa

Für den großen Siegeszug der Burgunder Weine durch ganz Europa sorgte ab dem 18. Jahrhundert der Handel. Auch der amerikanische Botschafter und nachmalige dritte Präsident der USA, Thomas Jefferson, lagerte in seinem Keller Chambertin aus Burgund, der für ihn zu den besten Weinen der Welt zählte.
Einen gewaltigen Rückschlag verursachten zwischen 1850 und 1870 aus den USA eingeschleppte Schädlinge wie der Mehltau (Pilzerkrankung) und vor allem die Reblaus. Noch vor Beginn des 20. Jahrhunderts wurden hier die besten Lagen mit reblausresistenten amerikanischen Unterlagsreben bepflanzt, auf die man die europäischen Edelreiser pfropfte.

Ein Weinberg-Puzzle

Ein zentrales Charakteristikum des Weinbaus in Burgund ist die Zersplitterung der Weinbergsfläche als Folge der französischen Erbgesetze. Ein Paradebeispiel hierfür ist der berühmte Clos de Vougeot. Der von einer Mauer umgebene Clos erscheint auf den ersten Blick als kompakter Rebberg. In Wahrheit teilen sich aber nicht weniger als 80 Besitzer diesen kostbaren Grand cru. Die Grenzen verlaufen in einem

abenteuerlichen Zickzackkurs durch die Rebreihen. Jeder der heute 8000 Weinbaubetriebe in Burgund besitzt im Durchschnitt rund 6 Hektar. Nicht selten aber verteilt sich dieser Besitz auf fünf bis zehn verschiedene Mini-Parzellen. Bis nach dem Zweiten Weltkrieg waren es die mächtigen Handelshäuser, die Ordnung in dieses riesige Puzzle brachten, indem sie den Winzern die Trauben abkauften und so größere Quantitäten von Grands crus, Premiers crus sowie kommunalen oder regionalen Appellationen auf den Markt bringen konnten. Doch in den letzten Jahrzehnten haben immer mehr Winzer damit begonnen, ihren Wein selber zu vinifizieren. Noch 1962 machten solche Erzeugerabfüllungen lediglich 15 Prozent der Gesamtproduktion aus. 1990 waren es bei den Weinen aus der Côte d'Or schon an die 50 Prozent. Keine Frage: Dank der zunehmenden Zahl engagierter Winzer sind die Burgunder heute besser denn je. Doch war das Angebot auch noch nie so unübersichtlich vielfältig.

Das 1443 gegründete Hôtel-Dieu ist das Wahrzeichen von Beaune. Bis 1971 diente das Haus, das umfangreiche Weinberge besitzt, als Krankenhaus. Heute ist es ein Museum, unter anderem mit »Das jüngste Gericht« von Rogier van der Weyden.

Steckbrief der Weinwirtschaft

47 000 Hektar Rebfläche, davon 22 500 ha im Beaujolais
Jahresproduktion ca. 2,5 Mio. hl Wein
Absatz: ca. 49 % Frankreich, ca. 51 % Export
ca. 8000 Weinbaubetriebe (Durchschnittsfläche: 8 ha)
ca. 50 Genossenschaften
ca. 120 Handelshäuser

Klassifizierung in Burgund (ohne Beaujolais):
96 Appellations Contrôlées (AOC)
561 klassifizierte Einzellagen (Premiers crus)
33 Grands crus

Spitzenwinzer, Händler und Geheimtipps …

Große Burgunder Handelshäuser

Pierre André (La Reine Pédauque) ★★, Beaune
Maison Albert Bichot ★ – ★★★, Beaune
Jean-Claude Boisset SA ★ – ★★, Nuits Saint-Georges
Bouchard Père et Fils ★ – ★★★★, Beaune
Chanson Père et Fils ★ – ★★★, Beaune
Joseph Drouhin ★ – ★★★★, Beaune
Maison Joseph Faiveley ★★ – ★★★★, Nuits Saint-Georges
Jaboulet-Vercherre ★, Beaune
Maison Louis Jadot ★★ – ★★★★, Beaune
Domaine Louis Latour ★ – ★★★★, Beaune
Moillard-Grivot ★ – ★★★★, Nuits-Saint-Georges
Mommessin ★★ – ★★★, Charmey-lès Mâcon
Patriarche Père et Fils ★ – ★★, Beaune
Henri de Villamont SA ★ – ★★★, Savigny-lès Beaune

Hier Winzer, dort Händler. Hier prestigeträchtige Super-Lagen, dort nach wie vor unterbewertete Appellationen. Obwohl auch in Burgund in den letzten Jahren die Preise deutlich gestiegen sind, muss hier ein nachhaltiges Wein-Erlebnis nicht zwangsläufig teuer sein.

Selbstständige Winzer – große Häuser

Kein Zweifel: Heute sind es in erster Linie die selbst kelternden Winzer, die mit ihren ambitionierten Spitzenweinen aus kleinen Erträgen für Furore sorgen. Das Betrübliche an diesen Weinen ist nur: Es gibt sie nur in winzigen Mengen und sie sind durchweg sündhaft teuer. Der Burgund-Einsteiger aber, der nicht seine ganze Freizeit opfern möchte, um mit detektivischem Geschick einen (noch) bezahlbaren Spitzenburgunder aufzustöbern, ist mit den Weinen der großen Handelshäuser wie Louis Jadot, Bouchard Père & Fils, Joseph Drouhin und Louis Latour heute besser bedient denn je. Diese Häuser haben in den letzten Jahren viel Geld in ihre Kellereien und Anlagen investiert. Außerdem bieten sie eben die ganze Palette von Burgunder-Weinen an, vom süffigen Beaujolais über den mittelgewichtigen Côte de Beaune Villages bis zum voll konzentrierten Grand cru von der Côte de Nuits. Dabei überzeugen gerade auch die einfacheren Weine mit einem durchaus interessanten Verhältnis von Qualität und Preis.

Viel versprechende Appellationen

Ganz allgemein werden im Süden der Côte d'Or und vor allem an der Côte Chalonnaise immer noch Weine

angebaut, deren Preisniveau generell sehr realistisch geblieben ist: Es lohnt deshalb, sich mit Weinen aus Appellationen wie Auxey-Duresse, St-Aubin, Monthélie, Rully, Mercurey oder Givry etwas ausführlicher auseinander zu setzen. Fern des Zeitgeistes bewegen sich zudem die Weine des Beaujolais. Dabei vermag die Traubensorte Gamay gerade im Norden des Anbaugebietes, wo die Crus wie Moulin-à-Vent, Fleurie oder Chénas angesiedelt sind, höchst interessante Weine hervorzubringen. Burgund ist eine derart vielfältig gegliederte Weinregion, dass es immer wieder Unbekanntes oder in Vergessenheit Geratenes zu entdecken gibt.

Die Klöster brachten den Weinbau in Burgund zur Blüte, ab dem 18. Jahrhundert waren es die Handelshäuser, die den Burgunder weltweit bekannt machten. Schon 1905 (Bild oben) bewirtschaftete das Haus Louis Latour daneben auch eigene Rebberge in Aloxe-Corton. Bouchard Père et Fils (Bild unten), ebenfalls in Beaune, verfügt heute über 70 Hektar in Grand-cru-Lagen.

Der internationale Einfluss

Obwohl die Burgunder Winzer in der Regel höchst traditionsbewusste, bodenständige Menschen sind, hat doch auch hier der so genannte »internationale Stil« einen beträchtlichen Einfluss. Dies äußert sich vor allem bei der Vinifikation des Pinot noir. Immer mehr Winzer experimentieren mit verschiedenen Maischungsverfahren vor oder nach der Vergärung. Und natürlich ist auch in Burgund die Bereitschaft gestiegen, den Wein verstärkt in neuen kleinen Eichenholzfässern, hier »Pièce« genannt, auszubauen. So trifft man, vor allem beim Rotwein, immer häufiger jene tiefdunklen, vollfruchtigen, eichenholzwürzigen und hoch konzentrierten Essenzen. Dennoch kann – wie anderswo schon längst traurige Realität – von einer Uniformierung der Weine keine Rede sein. Authentizität und das Besondere, das waren hier schon immer Qualitäten, die sowohl die Menschen als auch ihr Land mit geprägt haben.

CIVILE DU DOMAINE DE
VOSNE-ROMANÉE (COTE-D'OR)
ÉCHÉZEAUX
APPELLATION ÉCHÉZEAUX
CONTROLÉE
Bouteilles
1982
Mise en

Der Weg zum Wein Ihrer Wünsche

Dieses Kapitel zeigt Schritt für Schritt, wie Sie sich den Weinen aus Burgund annähern können, wie Sie bei der Wahl vorgehen und welche Kriterien Sie beim Einkauf berücksichtigen sollten, damit sich Ihre Wünsche und Vorstellungen mit dem Wein Ihrer Wahl decken.

Wer etwas finden will, muss wissen, was er sucht. Das ist eine banale Weisheit – aber doch so treffend! Auf Wein bezogen heißt das: lernen, was die Qualität ausmacht, seinen eigenen Geschmack ergründen, seine Vorlieben bestimmen und seine Bedürfnisse erkennen. Wer die Sache beim Kauf von Burgunder Weinen richtig angeht, wer sich den Überblick im Labyrinth des verworrenen Angebots verschafft, der wird kaum in die Irre gehen und für jeden Geschmack und jede Gelegenheit einen trefflichen Wein finden.

Was die Güte eines Weins bestimmt

Grundsätzlich sind es vier Faktoren, die den Typ und die Güte eines Weines bestimmen:

1. die Rebsorte und deren Trauben,
2. das Klima und der Boden, die in der Weinsprache mit dem Begriff »Terroir« bezeichnet werden,
3. das Können von Winzern und Weinmachern,
4. die Eigenheiten eines Jahrgangs.

Alles in allem aber ist es zum guten Ende das Zusammenwirken all dieser Elemente.

Die nebenstehenden Symbole werden Sie durch diesen Band und die ganze Buchreihe Vinoteca führen. Über die Qualität der Weine informiert die Anzahl Sterne von ★ bis ★★★★★.

Die Summe der vier Faktoren ergibt die Weinqualität

Rebsorte

Terroir

Winzer

Jahrgang

Weinqualität ★

Links: Die edelsten Rotweine der Côte de Nuits beweisen, dass es eben nicht nur intensive Farbe und wuchtiger Körper sind, die einen großen Wein kennzeichnen: Vielschichtigkeit, Finesse und Eleganz zählen in Burgund mehr.

Vier Fragen leiten die Weinwahl

Um »Ihren« Wein zu finden, sollten Sie Ihre Wünsche und Erwartungen nach folgenden Kriterien prüfen:
Welches sind meine Vorlieben? Rot oder weiß? Sanft oder herb? Leicht oder schwer? Subtil oder wuchtig?
Ist der Wein zum sofortigen Trinken oder zum Lagern bestimmt?
Zu welcher kulinarischen Gelegenheit soll er passen? Zum einfachen kalten Imbiss, zu alltäglichen Gerichten oder zum Festmahl?
Die Preisklasse ❶ – ❺: Was ist mir der Wein wert?
Welche Antworten wir Ihnen geben, zeigen die drei Porträts typischer Burgunder rechts. Ab S. 33 leiten unsere Symbole Sie durch alle Weintypen Burgunds.

Das Besondere an den Burgunder Weinen

Burgund will Schritt für Schritt entdeckt werden. Je besser man diese Weinregion kennen lernt, umso größer wird das Interesse an ihr. Am leichtesten erschließt sie sich von Süden her. Das Beaujolais mit seinen voll-fruchtigen Gamay-Weinen erscheint zwar als eigene kleine Weinwelt, ist aber ein Teil von Burgund. Rassig und zugänglich zeigen sich auch viele weiße Mâcon Villages. Doch spätestens wenn man die berühmte Côte d'Or erreicht, werden die Dinge kompliziert. Oft ist es schwierig, aufgrund des Etiketts einen Grand cru von einem Village-Wein zu unterscheiden. Ein Gevrey-Chambertin ist ein einfacher Village, ein Chambertin dagegen ist ein Grand cru. Nirgends lohnt es sich so sehr, sich die Namen von guten Produzenten zu merken wie in Burgund: Welchen Preis man hier für einen Wein auch zahlt und was genau auf dem Etikett steht – letztlich ist es immer das Renommee des Produzenten, das Qualität garantiert.

Frage: Was ist der Unterschied zwischen diesen drei Flaschen? Antwort: Bis über 100 Mark!

Die vier Flaschen auf dieser Doppelseite symbolisieren die ganze Bandbreite des Weinbaus in Burgund. Ein fruchtiger, süffiger Beaujolais Villages ist schon für weniger als 10 Mark zu haben, während Sie für einen roten (linke Seite) oder weißen Grand cru aus den Spitzenlagen der Côte d'Or (ganz unten) weit über 100 Mark ausgeben können.

❷ ab DM 10,– / € 5,–

Beispiel eines Trinkweins: Ein einfacher, fruchtiger Beaujolais Villages. Ein angenehmer Begleiter zu einfachen Imbissen wie Wurst oder Fleischpasteten.
Mehr dazu: S. 48.

❸ ab DM 20,– / € 10,–

Beispiel Sonntagswein: Ein Mercurey aus gutem Hause zeigt Aromen von roten Beeren und Gewürz. Passt ideal zu herzhaften Eintopfgerichten oder gekochtem Schinken.
Mehr dazu: S. 44

❺ ab DM 100,– / € 50,–

Beispiel eines Festweins: Ein trockener weißer Grand cru aus der Lage Bâtard-Montrachet, reiches Bukett, sehr konzentriert. Zu erlesenster Küche oder »solo«.
Mehr dazu: S. 36.

Pinot noir

Die Sorte wurde früher »Noirien« genannt und ist in Burgund schon seit dem 14. Jahrhundert bekannt. Obwohl heute weltweit Pinot-noir-Weine hergestellt werden, bringt die Sorte nach wie vor in Burgund die hochwertigsten Weine hervor.

Das Reich des Pinot noir

Sie gilt schlicht als die eigensinnigste und launenhafteste Rotweinrebe der Welt. Auch in ihrer Heimat Burgund wird die Sorte Pinot noir diesem widersprüchlichen Image vollauf gerecht. Sie kann hier unter idealen Bedingungen unglaublich tiefgründige und vielschichtige Weine hervorbringen. Zudem drückt sie stets den Charakter des Terroirs aus, in dem sie wächst. Ein gelungener roter Burgunder betört mit einem reintönigen Aroma von roten und dunklen Beeren und ausgeprägten Gewürznoten. Im Gaumen wirkt er ausladend und üppig, mit einem oft leicht süßlich anmutenden Fruchtkomplex. Doch leider erreichen jährlich nur wenige Prozent der in Burgund produzierten Rotweine dieses Niveau. Denn wenn der Pinot noir ohne ausgeprägtes Qualitätsdenken angebaut wird, rächt er sich mit ungemein belanglosen, nichts sagenden Weinen.

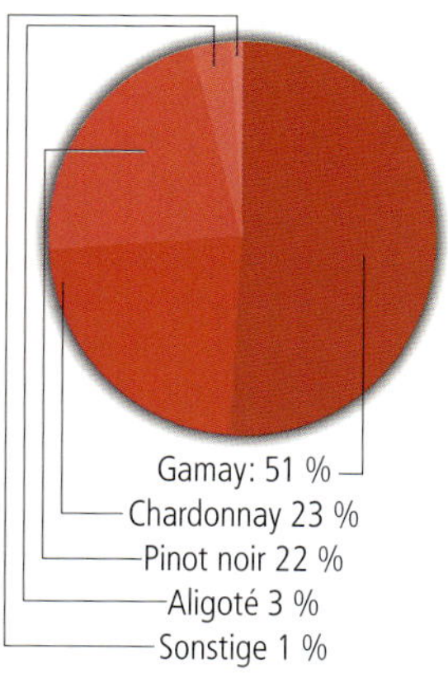

Die Traubensorten

Obwohl Gamay in den letzten Jahren an Bedeutung verloren hat, nimmt die Sorte immer noch mehr Rebfläche ein als die Prestigesorten Chardonnay und Pinot noir zusammen.

Eine anspruchsvolle Sorte

Pinot noir gedeiht auf kargen, kalkhaltigen Böden und bei relativ kühlem, kontinentalem Klima mit einem langen Vegetationsverlauf (Wachstumsperiode vom Austrieb im Frühling bis zu den Herbstfrösten) am besten. In Burgund trifft er auf ideale Verhältnisse. Das Problem ist seine Anfälligkeit für Frühjahrsfröste und vor allem für Fäulnis. Der Grund dafür liegt in der Wachstumsform der Traube mit ihren kleinen, dicht zusammengewachsenen Beeren, in denen sich nach Regenfällen die Feuchtigkeit staut. Deshalb wurde nach dem Zweiten Weltkrieg durch Klonselektion ein Traubentyp mit größeren, lockerer sitzenden und somit besser durchlüfteten Beeren anvisiert.

Leider hat sich gezeigt, dass diese neuen, pflegeleichteren Pinot-Klone längst nicht mehr so aromaintensive

Weine hervorbringen. So kehren Spitzenerzeuger nun wieder zu den ursprünglichen Burgunder-Klonen zurück. Unbestritten wächst beim Pinot noir das Qualitätspotenzial mit zunehmendem Alter der Reben. Weine aus so genannten »Vieilles vignes« sind deshalb besonders begehrt.

Bei keiner anderen Traubensorte hängt die Qualität so stark vom angestrebten Ertrag ab wie bei Pinot noir. In Burgund können nur dann wirklich große, konzentrierte Pinot-Weine reifen, wenn die Reben so kultiviert werden, dass sie nicht mehr als 35 Hektoliter Wein pro Hektar ergeben, was einem Traubenertrag von rund 500 Gramm pro Quadratmeter entspricht. Wird deutlich mehr geerntet, so ergibt die Sorte nur noch wenig ausdrucksstarke Weine.

Gamay

Im Gegensatz zum aristokratischen Pinot noir steht der unkomplizierte, süffige Gamay für die pure Lebensfreude, die man auch in den lebendigen Dörfern seiner Heimat, dem Beaujolais, wiederfindet. Allerdings wird Gamay heute oft unterschätzt: Vor allem in Cru-Lagen wie Moulin-à-Vent, Fleurie oder Chiroubles, wo die Stöcke in Lehm- und Kalksteinböden wurzeln, vermag er Rotweine hervorzubringen, die mit ihren verschwenderischen Fruchtaromen zu überzeugen vermögen. Die Gamay-Rebe wird im Beaujolais als Einzelstock ohne Stütze, der traditionellen so genannten Gobelet-Erziehung kultiviert. Gamay treibt früh aus und reift auch früh. Regen bei der Ernte wirkt sich äußerst negativ auf die Qualität aus, weil sich die Trauben gerne mit Wasser vollsaugen. Auch bei Gamay hängt die Qualität des Weins stark vom Ertrag ab. Gute Beaujolais-Weine entstehen mit Erträgen von höchstens 60 Hektoliter pro Hektar.

Gamay

Dies ist die Sorte des Beaujolais, dessen Weine in den letzten Jahren zu Unrecht an Prestige eingebüßt haben. Ein guter Beaujolais (vor allem die Cru-Weine) mit seiner reintönigen, beerig-würzigen Frucht und seiner samtigen Fülle im Gaumen ist ein idealer Begleiter für die solide Alltagsküche.

Klon

Aus ungeschlechtlicher (vegetativer) Vermehrung entstandener Nachkomme eines Lebewesens, im Falle einer Pflanze ein Schössling oder Ableger. Klone haben dieselbe Erbmasse und dieselben Eigenschaften wie die Ursprungspflanze.

Chardonnay und andere Sorten

Chardonnay (s. rechts)

Diese Weißweinrebe verbreitete sich in Burgund erst nach dem Mittelalter. Heute liefert Chardonnay hier die ganze Bandbreite von Weißweinen: vom unkomplizierten Mâcon blanc bis zum majestätischen Grand cru »Montrachet«, dem teuersten trockenen Weißwein der Welt. Ob Chardonnay ursprünglich aus dem gleichnamigen Dorf im Mâconnais stammt, ist unsicher.

Chardonnay hat sich in den letzten beiden Jahrzehnten unglaublich schnell über die ganze Welt verbreitet. Darüber wird oft vergessen, dass Burgund die eigentliche Heimat dieser Sorte ist. Das Aroma von Zitrusfrucht in Verbindung mit den Röstaromen des Eichenfasses ist heute zum Erkennungszeichen dieses internationalen Modeweins geworden. Gerade Burgund zeigt jedoch, welch ungeheure Vielfalt an Stilen Chardonnay hervorzubringen vermag. Das Spektrum reicht von den blumig-frischen Weinen des Mâconnais über die mineralische Noten mancher Gewächse bis zu den buttrig-cremigen Monumenten mit Aromen von Mandeln und Haselnüssen.

Chardonnay an der Côte d'Or

Chardonnay wird im Herzen Burgunds, der so genannten Côte d'Or, heute lediglich auf rund 1500 Hektar angebaut. Das ist nur halb so viel wie allein im US-Staat Kalifornien während der vergangenen Boom-Periode jährlich neu angepflanzt worden ist. Doch gerade wegen dieser Inflation sind die raren Premiers crus und Grands crus von der Côte de Beaune wie etwa der Clos des Mouches oberhalb von Beaune, der Corton Charlemagne bei Aloxe-Corton sowie die legendären Weine von Puligny-Montrachet und Meursault heute gefragter denn je.

Wer das Privileg hat, diese Weißweine, die zu den größten der Welt zählen, überhaupt zu kosten, wird zweifelsohne bestätigen, dass nach wie vor die alte Heimat das Gebiet ist, wo Chardonnay seine edelsten Eigenschaften zu entfalten vermag. Chardonnay kann zuweilen die Eigenheiten des Terroirs noch subtiler vermitteln als Pinot noir.

Den burgundischen Winzern bereitet die Sorte mit ihrer geringen Fäulnisanfälligkeit, der frühen Reife und dem guten Ertrag kaum Probleme. Die größte Herausforderung ist die Festlegung des bestmöglichen Erntezeitpunktes, denn reifen die Trauben zu lange, büßen sie zu viel von ihrem Säuregehalt ein. Den Kellermeistern eröffnet die Sorte ein hohes Maß an »Gestaltungspotenzial«. Vor allem die großen Chardonnays aus Burgund sind aber immer in erster Linie von ihrem Terroir geprägt. Und dies soll, so betonen die Winzer, auch in Zukunft so bleiben.

Aligoté

Die Sorte hat ihren Ursprung in Burgund. Noch Ende des 19. Jahrhunderts war die Aligoté-Rebe weit verbreitet, wurde danach aber mehr und mehr vom Chardonnay zurückgedrängt. Obwohl Aligoté-Weine oft etwas rustikal und flach wirken, wird heute das Potenzial der Sorte unterschätzt. Sie wird gegenwärtig nur noch auf einer Fläche von ca. 500 Hektar, meist am oberen und unteren Rand des Rebgebietes, angepflanzt. In besseren Lagen könnte sie aber durchaus kräftigere, vom Charakter her kräuterwürzige Weine hervorbringen. Dies beweisen die delikaten Weine, die in der eigens für die Sorte geschaffenen Appellation Bourgogne Aligoté-Bouzeron von Spitzenerzeugern wie de Villaine produziert werden. Das Erfolgsrezept heißt auch hier: gute Lagen und gedrosselte Erträge. Im Gegensatz zum Chardonnay, der ein beträchtliches Alterungspotenzial hat, werden die Weine aus der Aligoté-Traube stets jung getrunken.

Weitere Sorten

Pinot blanc, Pinot Beurot (Pinot gris) sowie Melon de Bourgogne (Muscadet) werden in Burgund zwar in geringen Mengen angebaut, bringen aber nur in Ausnahmefällen interessante Weine hervor.

Ein Labyrinth von Terroirs

Die Côte d'Or, welche die hochwertigsten Weine hervorbringt, bildet zugleich das kleinste Teilgebiet innerhalb Burgunds.

Im Vergleich zum »Rebenmeer« von Bordeaux fügen sich die Rebberge Burgunds unauffällig in die beschauliche Landschaft. Gleich einem schmalen Band ziehen sich die Parzellen auf einer Länge von 160 Kilometer (einschließlich Beaujolais) an den Hügelzügen zwischen Dijon und Lyon entlang. Interessanterweise ist es dabei gerade der nördlichste Teil des Anbaugebietes, die so genannte Côte d'Or, welche die besten Weine hervorbringt. Hier, am 47. Breitengrad, weit entfernt von maritimem Einfluss, endet im Allgemeinen die Zone, in der Rebbau möglich ist.

Die Winzer Burgunds müssen in diesem feucht-kühlen, kontinentalen Klima immer wieder gegen Frost, Hagel, Graufäule und Pilzerkrankungen wie den Mehltau ankämpfen. Andererseits ist es gerade auch der langsame, gleichmäßige Reifeprozess, der den Sorten Chardonnay und Pinot noir größtmögliche aromatische Finesse bei vergleichsweise geringer Alkoholstärke verleiht. Selbst die konzentriertesten, mächtigsten Grands crus haben selten einen Alkoholgehalt von mehr als 13 Prozent.

Das Relief der Côte d'Or: Premiers crus und Grands crus liegen an den Hängen, die Gemeindeappellationen auf ihren Ausläufern. Die einfachsten Weine wachsen in der Ebene.

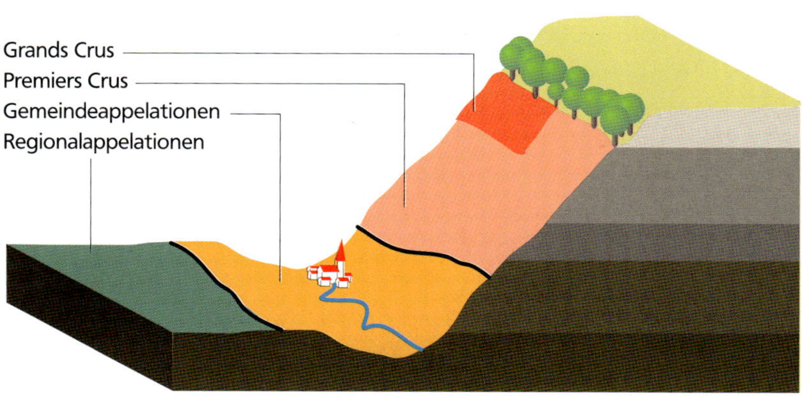

Verschiedene Böden, verschiedene Weine

Der vorherrschende Boden in Burgund ist Kalkstein, oft in Verbindung mit Mergel, Kreide, Kies, Ton oder Sand. Die Côte d'Or liegt am Rande eines Kalkstein-Hochplateaus. An der Kante sind über die Jahrtausende immer wieder Schichten ins Tal abgerutscht. Viele der berühmtetsten Weinberge liegen – meist in geschützten Ostlagen – auf solchen Ablagerungen. Die größten Weißweine der Côte d'Or stammen von gut entwässerten Hanglagen, wo Kalkstein in Verbindung mit Kreide und grobem Kies dominiert (Meursault, Puligny-Montrachet), während die besten Pinot-noir-Weine von Hanglagen stammen, in denen sich Kalkstein und Mergel mischen. Die besten Rebgärten der Côte Chalonnaise und des Mâconnais liegen an diesen Hügelkuppen, wo die Kalkböden oft mit Lehm oder Sand durchmischt sind. Den südlichen Abschluss Burgunds bildet das wieder stärker hügelige, stellenweise schon bergig anmutende Beaujolais. Während im südlich gelegenen »Bas-Beaujolais« mit seinen lehmigen Böden die einfacheren, leichteren Weine erzeugt werden, wurzeln die Reben der Cru-Lagen (Moulin-à-Vent, Fleurie usw.) in Granitböden, die von einer Sandschicht bedeckt sind. Hier bringt die Sorte Gamay die besten Weine hervor.

Der Gesteinssockel aus Jurakalk ist ein entscheidender Faktor für das einzigartige Terroir Burgunds. Dort, wo der Kalk in Verbindung mit Kreide und Kies einen besonders kargen Untergrund bildet, gibt die Sorte Chardonnay ihr Bestes. Die Spitzenlagen für Pinot noir finden sich an jenen Stellen, wo sich der Kalk mit Mergel, Sand, Ton, Lehm oder Schwemmland mischt und so etwas schwerere Böden ergibt.

Das Terroir bleibt ein Geheimnis

Einzigartig, aber auch verwirrend an Burgund ist, dass eine Grand-cru-Lage, die großartige Weine hervorbringt, oft nur wenige Meter von einer höchst bescheidenen Village-Lage entfernt ist. Die Parzellen, welche die besten Weine hervorbringen, sind den Winzern schon seit Jahrhunderten bekannt. Bis heute ist es nicht gelungen, das Rätsel zu entschlüsseln.

Der Ertrag macht den Unterschied

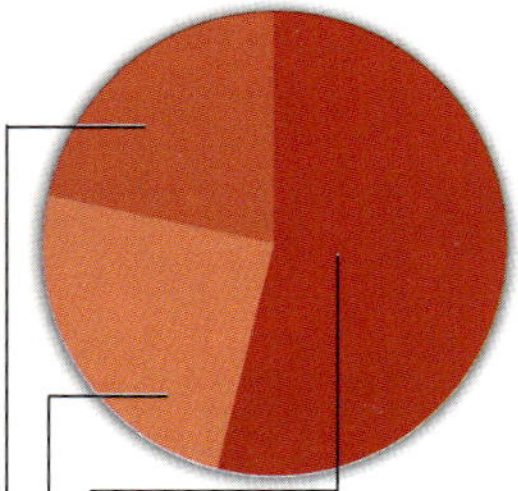

Um einen guten Burgunder zu produzieren, braucht es zwei Dinge: gute Lagen und einen engagierten Winzer. Denn sowohl Chardonnay als auch Pinot noir ergeben nur dann gute oder gar hervorragende Weine, wenn schon beim Rebschnitt im Februar ein vergleichsweise niedriger Ertrag vorbereitet wird. Man muss dabei ja nicht so weit gehen wie die Domaine de la Romanée-Conti, die von den 1,8 Hektar ihres Romanée-Conti, dem berühmtesten Rebberg Burgunds, gerade mal 6000 Flaschen jährlich produziert, was einem Mini-Ertrag von weniger als 400 Gramm Trauben pro Quadratmeter entspricht. Wer hingegen doppelt so viel (oder noch mehr) erntet, indem er die festgeschriebenen Höchsterträge für die jeweiligen AC-Kategorien voll ausnutzt, wird schwerlich interessante Weine erzeugen.

Dominanz der Handarbeit

Die Rebbau in Burgund ist anspruchsvoll. Sechs Hektar besitzt ein Weinbaubetrieb hier durchschnittlich. Häufig teilt sich dieser Besitz in zehn oder noch mehr Mini-Parzellen auf. Wegen dieser Zersplitterung sowie

In den Sommermonaten schneiden die Winzer das allzu üppig sprießende Blattwerk zurück, weil es sonst den Trauben die Nährstoffe wegnehmen würde. Zudem werden Trauben, die sich nicht optimal entwickeln, entfernt.

den vor allem an der Côte d'Or recht steilen Hanglangen ist eine maschinelle Bewirtschaftung kaum möglich. Nur in den flachen Anbaugebieten der untersten Qualitätsstufe, den »Appellations Régionales«, vor allem aber im Mâconnais, kommen Erntemaschinen zum Einsatz. An der Côte d'Or dagegen dominiert wie eh und je Handarbeit.

Um die Böden von Burgund war es lange Zeit schlecht bestellt. Durch übermäßige Kunstdüngung wurde dem Boden jahrzehntelang so viel Kali zugesetzt, dass es den Weinen plötzlich an Säure fehlte. Der intensive Einsatz von giftigen Pflanzenschutzmitteln zerstörte zudem das Gleichgewicht der Mikroflora und führte dazu, dass die Schädlinge gegen diese Giftkeule zunehmend resistent wurden. In den letzten Jahren hat sich die Situation glücklicherweise zum Besseren gewendet. Nirgends sonst auf der Welt gibt es heute so viele Spitzenbetriebe, die auf den biologischen Anbau umgestiegen sind, zumeist nach der biologisch-dynamischen Wirtschaftsweise, wie sie der berühmte Anthroposoph Rudolf Steiner vor 70 Jahren erstmals skizziert hat. Im Sog dieses Umdenkens pflegen heute viele Betriebe wieder einen vermehrt naturnahen Anbau. Zweifellos hat sich in den letzten Jahren in Burgund glücklicherweise wieder die Erkenntnis durchgesetzt, dass ein guter Wein zuallererst im Weinberg entsteht.

In den kalten Wintermonaten findet der Rebschnitt statt. Das dabei anfallende Holz wird oft gleich im Rebberg verbrannt.

Biologischer Weinbau

War es anfänglich nur eine Hand voll ökologischer Idealisten, die konsequent auf die »chemische Keule« im Weinberg verzichteten, zeichnet sich heute weltweit eine breite Bewegung ab: Immer mehr Spitzenwinzer sind davon überzeugt, dass nur aus einem Weinberg, der im biologischen Gleichgewicht ist, Trauben der allerhöchsten Qualität geerntet werden können. Adressen der Öko-Verbände finden Sie in dem Vinoteca-Band »Weinwissen«.

Jeder nach seiner Façon

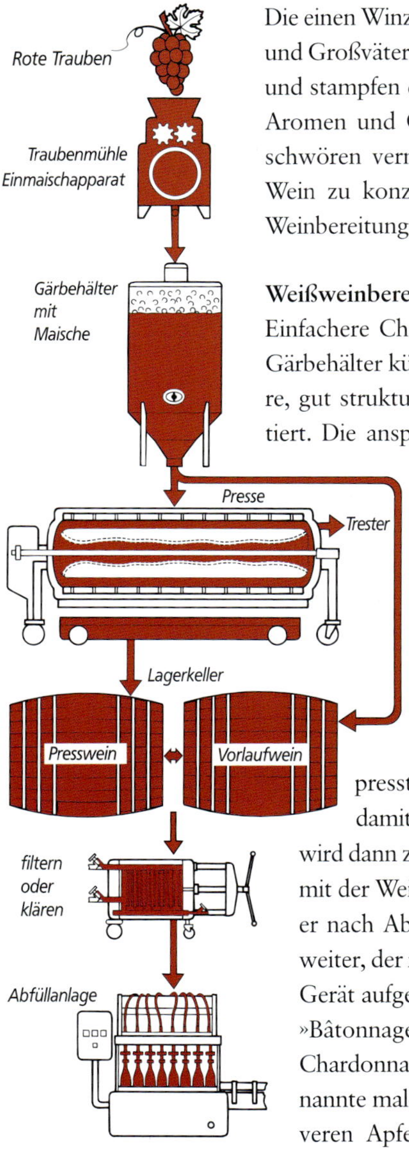

Die einen Winzer springen heute noch – wie ihre Väter und Großväter – mit nackten Füßen in den Gärbottich und stampfen die gärenden Pinot-Trauben, um Farbe, Aromen und Gerbstoff aus ihnen zu lösen. Andere schwören vermehrt auf Hightech-Geräte, um ihren Wein zu konzentrieren. Jeder Winzer folgt bei der Weinbereitung seinem eigenen Rezept.

Weißweinbereitung

Einfachere Chardonnays werden heute vermehrt im Gärbehälter kühl vergoren und ausgebaut, was saubere, gut strukturierte und fruchtbetonte Weine garantiert. Die anspruchsvollen Weißweine Burgunds dagegen, vor allem die Premiers crus und Grands crus, werden wie eh und je in kleinen, 228 Liter fassenden Eichenholzfässern (»Pièces«) vergoren und ausgebaut. Bevor der Saft ins Fass kommt, durchläuft er heute oft eine mehrstündige, gekühlte Maischung (Macération pelliculaire). Nachdem die Maische sanft abgepresst wurde, ruht der Most nochmals kurz, damit sich die Trubteile absetzen können, und wird dann zum Vergären in die Pièces abgefüllt. Damit der Wein an Gehalt und Struktur gewinnt, reift er nach Abschluss der Gärung auf dem Hefesatz weiter, der regelmäßig mit einem stangenähnlichen Gerät aufgerührt wird. Man nennt diesen Vorgang »Bâtonnage« (französisch »bâton« = Stab). Der Chardonnay durchläuft im Holzfass auch die so genannte malolaktische Gärung (Abbau der aggressiveren Apfelsäure zur milderen Milchsäure) und bleibt meist bis zur nächsten Ernte in den Pièces. Der Charakter des Weins hängt außer von der Qualität des Rebberges zu einem großen Teil davon ab, wie groß der Prozentsatz an neuem Holz ist und ob er filtriert oder ungefiltert in die Flasche kommt.

Rotweinbereitung

Die Bereitung von Wein aus Pinot noir ist heute mehr denn je eine Frage des Stils, den der Winzer pflegt oder anstrebt. Während mehr und mehr Winzer bei der Anlieferung der Ernte alle Traubenstiele im *Einmaischapparat* mechanisch entfernen, betonen andere, dass gerade die Mitverarbeitung eines Teil der Stiele einen traditionellen Burgunder ausmache. Auch die Frage, ob der Wein spontan mit den natürlich vorhandenen, »wilden« Hefen oder aber gezielt mit gekauften Kunsthefen vergoren werden soll, trennt die Winzer. Immer mehr Winzer verzögern heute mittels Kühlung des Traubengutes den Gärungsbeginn, um durch diese zusätzliche Maischenstandzeit mehr Aromen, Farbe und Gerbstoff aus dem Traubengut herauszuholen. Vergoren werden die Trauben immer noch größtenteils in offenen Gärbehältern aus Stahl oder aber Holz. Dabei bildet sich aus den Beerenschalen der so genannte Tresterhut. In den meisten Häusern wird dieser heute durch automatische Systeme wieder in den gärenden Saft gestoßen oder regelmäßig mit diesem übergossen (»Remontage«). Nach der Vergärung kommt der Wein in die Pièces, wo er den biologischen Säureabbau durchläuft. Die Weine bleiben dann ein Jahr oder mehr in den Eichenholzfässern, bevor sie in Flaschen abgefüllt werden. Auf die *Filtration* wird heute mehr und mehr verzichtet. Auch beim Rotwein ist es für den Stil des Weines entscheidend, wie viel neues Eichenholz eingesetzt wird.

Die Herstellung der 228 Liter fassenden Pièces hat in Burgund eine große Tradition. Die Burgunder-Pièce wirkt in der Form bauchig und gedrungen. Die Dauben sind relativ dick und der Fassreif besteht aus Kastanienholz. Auch in Burgund wird zum Ausbau der Weine vermehrt neues Holz eingesetzt.

Bei der Vergärung ihres Rotweins setzen immer noch viele Winzer auf Tradition. Offene Gärbehälter aus Holz sind noch heute in Gebrauch.

Der Winzer garantiert für Qualität

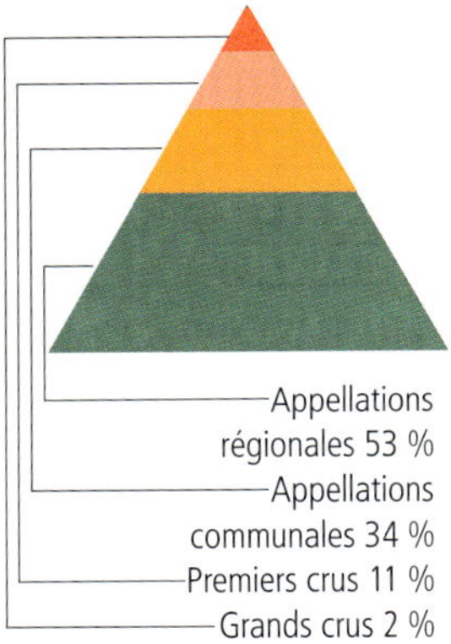

Die Klassifizierung der Lagen des Burgunds gleicht einer Pyramide. Die prestigeträchtigen Grand-cru-Lagen machen nur gerade zwei Prozent der Rebfläche aus – und sind trotzdem nicht immer ein Garant für Spitzenweine …

Bei der Vergärung ihres Rotweins setzen immer noch viele Winzer auf Tradition. Offene Gärbehälter aus Holz sind noch heute in Gebrauch. Mit seiner komplizierten Klassifizierung und den Lagebezeichnungen ist Burgund ein Labyrinth, in dem sich auch Kenner nie ganz zurechtfinden. »La Romanée« etwa heißt nicht nur ein gesuchter Grand cru im Dorf Vosne-Romanée, sondern ebenso ein Premier cru im Dorf Gevrey-Chambertin. Der Ausdruck »Charmes« prägt nicht weniger als drei Premier-cru-Lagen. Theoretisch müsste ein Grand cru stets besser als ein Premier cru sein, ein Premier cru wiederum durchweg besser als ein einfacher Villages-Wein.

Klassifizierungen genügen nicht

Klassifizierungen sagen nichts darüber aus, welche Winzer nun tatsächlich die besten Weine produzieren. Es gibt eben nicht bloß einen Grand cru Clos de Vougeot, so wie es etwa in Bordeaux einen einzigen Château Latour gibt, sondern Dutzende davon, die

Tiefe Farbe ist bei Rotweinen aus Burgund kein ausschlaggebendes Qualitätsmerkmal: Die dünnhäutige Sorte Pinot noir ergibt hochwertige Weine, die auch einen helleren Farbton haben können.

qualitativ höchst unterschiedlich ausfallen können, je nachdem, wie der Winzer gearbeitet hat. Dem Konsumenten bleibt also nichts anderes übrig, als auf Entdeckungsreise zu gehen, die Namen der guten Winzer und zuverlässigen Handelshäuser kennen zu lernen und sie mit den Lagennamen zu verknüpfen, deren Weine am besten gelingen. Dazu kommt, dass die Jahrgangsunterschiede in Burgund oft sehr groß sind. Wer also vor dem Weinregal steht, sollte auch noch wissen, welche Jahrgänge der letzten Jahre viel Genuss versprechen und welche weniger …
Etwas einfacher ist die Situation im Beaujolais. Wenn schlicht »Beaujolais« auf dem Etikett steht, handelt es sich um die einfachen, süffigen Trinkweine; die Bezeichnung »Beaujolais-Villages« ist jenen 39 Dörfern vorbehalten, die bereits etwas aromatischere, charaktervollere Weine erzeugen. Die zehn Beaujolais crus wie Moulin-à-Vent, Chénas, Fleurie usw. weisen auf jene Lagen hin, wo die Sorte Gamay die besten Weine hervorbringt.

Das Etikett in Burgund

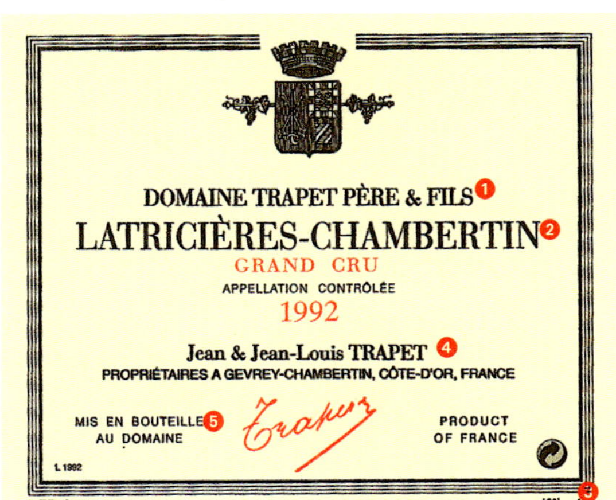

❶ Name des Händlers oder Erzeugers
❷ Name des Weins, inklusive Hinweis auf die Appellation, sowie die Rang- und Lagebezeichnung
❸ Alkoholgehalt
❹ Adresse des Weingutsbesitzers oder Händlers
❺ Hinweis zur Abfüllung: Der Hinweis »Mis en bouteille au Domaine« garantiert, dass der Wein vom Erzeuger in seinem Weingut abgefüllt wurde. Der Hinweis »Mis en bouteille par …« gibt an, bei welchem Händler der Wein abgefüllt wurde.

Elegante Weine aus rauem Klima

Die Rebberge Burgunds liegen nahe dem 47. Breitengrad, also am nördlichen Rand jener Zone, die für den Weinbau als geeignet gilt. In diesem kontinental geprägten Klima ist das Wetter weitaus unbeständiger als im Süden. Vor allem die häufigen Regenfälle zwischen April und Oktober bringen die Gefahr der Graufäule mit sich. Auch mit Schäden durch Frost und Hagel müssen die Winzer stets rechnen.

Chardonnay ist zäher

Während die robuste weiße Sorte Chardonnay auch unter diesen rauen Bedingungen in der Regel gut gedeiht, reagiert die rote Hauptsorte Pinot noir ungleich empfindlicher auf die Launen des Wetters. Das Renommee der roten Burgunderweine zeigt aber auch, dass Pinot noir eben dieses ausgeglichene, eher kühle Klima und den damit zusammenhängenden langsamen und gleichmäßigen Reifeprozess braucht, um seine Eleganz und Vielschichtigkeit zu entwickeln.

Großes Jahr, kleines Jahr

Burgund gehört zu den nördlichsten Anbaugebieten für gehaltvolle Rotweine. Deswegen spielen die Launen des Wetters eine ungleich größere Rolle als in sonnenverwöhnten, wärmeren Klimazonen. Die heikle Sorte Pinot noir spiegelt ein kühles, regnerisches Jahr gnadenlos wider: Die Weine fallen dann weniger kräftig und säurebetonter aus, sind aber dafür auch früher trinkreif.

Von Jahr zu Jahr verschieden

Klar ist, dass in Burgund die Qualität eines Jahrgangs ganz generell eine weitaus größere Rolle spielt als in südlicheren Regionen. In großen Jahren wie 1996, 1995, 1990 und 1989 entstanden voll konzentrierte Weine, die einige Jahre der Reife brauchen, bis sie optimalen Trinkgenuss bereiten.

Fielen früher in schlechten Jahren die Weine oft recht spröde und verhalten aus, so gelingen ambitionierten Winzern dank rigoroser Ertragsreduktion heute auch in schwierigen Jahren (wie zum Beispiel 1994) ansprechende Weine, die zwar weniger konzentriert, dafür früher trinkreif sind.

Die Weinreife-Tabelle für höchsten Weingenuss

Jahr	Große Rotweine	Große Weißweine	Kleine Burgunder und Beaujolais
1998	→	→	→
1997	→	→	↗
1996	→	→	★
1995	→	→	↘
1994	★	↗	↘
1993	★	★	↘
1992	★	↗	○
1991	★	★	○
1990	↗	★	↘
1989	★	★	○
1988	★	★	○
1987	○	↘	○

Zur Qualität der Jahrgänge:
= hervorragend
= gut
= mäßig

Legende:
→ noch sehr jung, reifen lassen
↗ am Anfang der Trinkreife, kann noch besser werden
★ auf dem Höhepunkt, trinken
↘ Zenit überschritten, austrinken
○ verpasst, wäre besser schon getrunken

Ältere Spitzenjahrgänge: 1978, 1976, 1971, 1969, 1966

Die Weinjahre in Burgund ab 1987

Weine dieser Jahrgänge sind (teilweise) noch im Handel erhältlich.

1998 Ein durchschnittliches Jahr. Die Weine dürften ihre optimale Trinkreife relativ schnell erreichen.

1997 Ein gutes Jahr. Die Roten fielen alkoholstark aus, mit viel reifem Tannin. Der Chardonnay ergab vollmundige Weißweine mit gutem Lagerpotenzial.

1996 Großes Jahr. Fruchtbetonte, sehr gute Rotweine und lebhafte, frische Weißweine, schöne Säure.

1995 Erfreuliches Jahr. Fruchtige, vollmundige Rotweine und rare, aber ausgezeichnete Weißweine mit guter Reifefähigkeit.

1994 Schwieriges Jahr: Die Weißen fielen homogener aus und zeigen sich recht fruchtig und vollmundig.

1993 Mäßiges Jahr. Viele positive Überraschungen, vor allem bei den Roten.
Gut strukturierte Weiße mittleren Alkoholgehalts.

1992 Ansprechendes Jahr. Geschmeidige Rotweine von mittlerem Alkoholgehalt. Ausgezeichnete Weißweine mit schönem Reifepotenzial.

1991 Schwieriges Jahr. Einige Rotweine sind dünn und eckig, andere gelangen gut. Schlanke Weißweine.

1990 Außergewöhnliches Jahr. Kraftvolle, gut strukturierte Rote mit großem Potenzial. Elegante, vollmundige Weißweine.

1989 Das große Jahr der frühen Reife. Vollmundige Rotweine mittleren Potenzials und außergewöhnlich reichhaltige Weißweine.

1988 Perfektes Jahr. Außergewöhnliche Rotweine voller Saft und Kraft. Die frischen, subtilen Weißweine sind heute trinkreif oder haben ihren Zenit schon überschritten.

1987 Mäßiges Jahr, dennoch recht anständige Rotweine, die heute ihren Zenit meist überschritten haben. Weißweine durchschnittlicher Qualität.

Die Weintypen des Burgund

Von den mächtigen Grands crus im Norden wie dem weißen Montrachet oder dem roten Chambertin über die soliden, preiswerten Weine der Côte Chalonnaise oder des Mâconnais bis zum fruchtigen Beaujolais im Süden: Burgund bietet für jeden Geschmack und jedes Budget den passenden Tropfen.

Mit einer einfachen Symbolik weist die Vinoteca den Weg zum Wein, den Sie suchen. Stellen Sie die vier Fragen gemäß S. 15. Die Symbole mit den Beschreibungen geben die Antworten. Die Sterne für die Qualität werden aufgrund der entscheidenden Faktoren, Rebsorte, Terroir, Jahrgang und Winzer (S. 16), vergeben.

	Die Qualität
★	für einen guten Alltagswein
★★	für einen feinen Sonntagswein
★★★	für einen prächtigen Festtagswein
★★★★	für einen grandiosen Paradewein
★★★★★	für einen absoluten Weltklasse-Wein

	Der Weintyp / Geschmack
	Rotwein
	Rosé
	Weißwein

	Ideale Gerichte zu diesem Wein

	Lagerfähigkeit
	Trinkwein
	Lagerwein (Angaben in Jahren nach Ernte)

	Die Preiskategorien
❶	unter DM 10,– / € 5,–
❷	DM 10,– bis 20,– / € 5,– bis 10,–
❸	DM 21,– bis 30,– / € 10,– bis 15,–
❹	DM 31,– bis 50,– / € 15,– bis 25,–
❺	über DM 50,– / € 25,–

Die Vinoteca-Symbole zur Weinbeurteilung

★ Qualität

Weintyp/Geschmack

Speise-Empfehlung

Lagerfähigkeit

❶ Preiskategorie

Links: Pinot noir ist eine heikle Rebsorte, die aber großartige Weine ergeben kann.

Der Überblick über die Weinzonen Burgunds

Côte de Nuits: Gevrey-Chambertin, Chambolle-Musigny usw. (S. 42)

- vollmundige, samtige Rotweine
- zu edlen Fleischgerichten, z. B. Rind
- lagerfähig, Grands und Premiers crus bis zu 20 Jahren
- ❸–❺ Spitzenweine sehr teuer und rar

Côte de Nuits: Nuits-St-Georges, Vosne-Romanée usw. (S. 40)

- kräftige, konzentrierte Rotweine
- würzige Fleischgerichte, z. B. Wildgeflügel, Ente
- lagerfähig, Spitzenweine bis zu 20 Jahren
- ❸–❺ Spitzenweine sehr teuer und rar

Côte de Beaune: Beaune, Volnay usw. (S. 38)

- elegante Weine mit Aromen roter Beeren
- bürgerliche Küche, z. B. Schinken
- gute Weine sind nach 4 bis 8 Jahren auf dem Höhepunkt
- ❷–❹ viele Premier crus mit gutem Preis-Wert-Verhältnis

Côte de Beaune: Meursault, Puligny-Montrachet usw. (S. 36)

- Spitzenweine sind vollmundig, reintönig und saftig
- Edelfisch, Krustentiere, Geflügel mit Weinsauce
- Spitzenweine können 4 bis 10 Jahre reifen
- ❸–❺ Grands crus und Premiers crus sind sehr teuer und rar

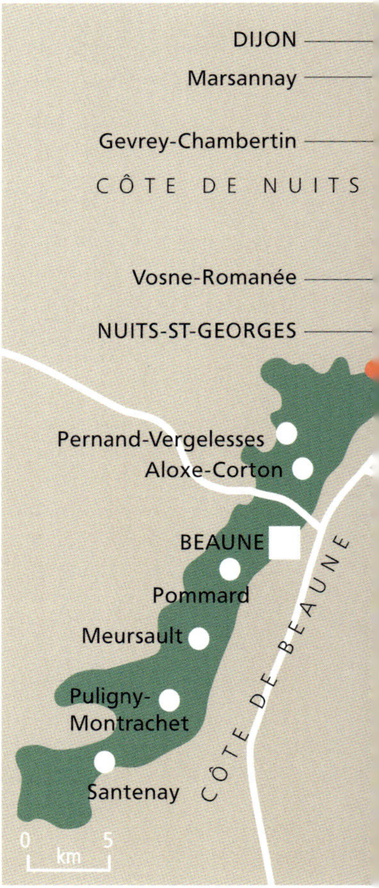

Die verschiedenen Weinbaugebiete in Burgund gleichen einem komplizierten Puzzle. Diese Karte gibt einen Überblick über die wichtigsten Zonen und die spezifischen Eigenschaften der dort angebauten Weine.

Côte Chalonnaise: Mercurey, Givry, Rully usw. (S. 44)

- kräftig, maskulin und erdig (Mercurey)
- blumig, oft mit Finesse
- Rotweine zu kräftigem Fleisch, Weißweine zu Fisch
- Rotweine können 5 Jahre lagern, Weißweine rasch trinken
- ❷–❹ mittlere Preislage, Spitzengewächse mit steigenden Preisen

Mâconnais: Mâcon, Pouilly-Fuissé usw. (S. 46)

- frisch und süffig, Pouilly-Fuissé vollmundig und mineralisch
- zu einfacher Sommerküche, auch Austern und Muscheln
- jung zu trinken, guter Pouilly-Fuissé kann einige Jahre reifen
- ❷–❸ Preise steigen, vor allem beim Pouilly-Fuissé bis ❹

Beaujolais (S. 48)

- fruchtig und süffig, Beaujolais-Villages- und Cru-Weine sind würziger und opulenter
- passt zu Alltags- und Bistro-Küche, Wurst, Käse, Quiches, Pasteten
- schmeckt jung am besten, manche Cru-Weine (z. B. Moulin-à-Vent) können bis zu 5 Jahren reifen
- ❶–❷ preiswert, oft gutes Verhältnis von Preis und Qualität

Côte de Beaune: von Santenay bis Meursault

In Santenay dominiert der Pinot noir, der vor allem im Nordosten des Dorfes gerbstoffreiche, fleischige Rotweine hervorbringt. Doch keine zwei Kilometer nordöstlich von Santenay beginnt jenes legendäre, rund neun Kilometer lange und ein bis zwei Kilometer breite Band aus Chardonnay-Rebbergen, das die besten und mit dem Grand cru »Le Montrachet« auch den mit Abstand teuersten Weißwein Burgunds hervorbringt.

Im südlichen Teil der Côte de Beaune, zwischen den Dörfern Chassagne-Montrachet und Meursault, gedeihen die besten Weißweine Burgunds.

Unscheinbare Dörfer, spektakuläre Weine

Wer Chassagne-Montrachet (hier werden auch interessante Rotweine produziert) und Puligny-Montrachet zum ersten Mal besucht, mag kaum glauben, dass aus diesen verschlafenen, unscheinbaren Dörfchen Weine von Weltruhm kommen sollen. Die verwitterten Fassaden der Winzerhäuser stehen in krassem Gegensatz zum weltweiten Renommee und den hohen Preisen, welche die Weine von hier erzielen.

Der Grand cru »Le Montrachet«, für Kenner schlicht der beste weiße Burgunder und damit der beste Chardonnay der Welt, zeigt seine wahren Qualitäten erst im reifen Alter von über zehn Jahren, wenn die Farbe von blassem Grüngelb in leuchtendes Goldgelb gewechselt hat. Auch die Lagen »Bâtard« und »Bienvenues Bâtard« bringen ungemein reintönige, filigrane Weine hervor.

Meursault, Reich des Chardonnay

Das lebendige Dorf Meursault, das mit seinen guten Restaurants und ländlichen Hotels einen Halt lohnt, ist das nördlichste Weinbaudorf, wo die Chardonnay-Traube vollständig dominiert. Auch wenn es hier keinen Grand cru gibt, so bringen die guten Lagen ungemein volle, buttrige Weine mit Aromen von reifen Früchte und geröstetem Brot hervor.

Was die Weißwein-Lagen zwischen Chassagne-Montrachet und Meursault unterscheidet, ist das Terroir: Je nach Rebberg mischt sich der vorherrschende Kalkstein mit Kies, Kreide oder Mergel. Neben den prestigeträchtigen Grands und Premiers crus gibt es hier auch große Mengen von guten und preiswerteren Villages-Weinen.

Guter Ausgangspunkt

Das Weißweindorf Meursault bietet sich auf einer Burgund-Reise mit seinen Restaurants und Hotels für einen Zwischenaufenthalt an.

Wein-Typ	★	🍷🍷[1]	👄[2]	▬	❶
Santenay (80 % Rotwein)	★ – ★★★	erdige, gut strukturierte Terroir-Weine	Wildgeflügel, Nieren, kräftige Fleischgerichte	3–8 Jahre	❷–❹
Chassagne-Montrachet (60 % Weißwein)	★★ – ★★★★★	gute bis hervorragende Weiß- und fruchtige Rotweine	weiße Spitzenweine zu Krustentieren, Fisch, Geflügel, Kalb	3–30 Jahre	❸–❺
Puligny-Montrachet (98 % Weißwein)	★★ – ★★★★★	kräftige Village-Weine bis zu reintönigen, mächtigen Grands crus	weiße Spitzenweine zu Krustentieren, Fisch, Geflügel, Kalb	3–30 Jahre	❸–❺
Saint-Aubin (60 % Weißwein)	★ – ★★★	elegante, gut strukturierte Weißweine, robuste Pinots	ambitionierte Alltagsküche	2–8 Jahre	❷–❸
Meursault (95 % Weißwein)	★★ – ★★★★★	solide Villages-Weine bis zu buttrigen, vollmundigen Premiers crus	Krustentiere, Fisch, Geflügel, Kalb	3–15 Jahre	❷–❺
Auxey-Duresses (70 % Rotwein)	★ – ★★★	fruchtig-würziger Rotwein, geschmeidige Weißweine	ambitionierte Alltagsküche	2–8 Jahre	❷–❸

[1] trinkreife Jahrgänge: S. 31; [2] ideale Speisen zum Wein: S. 54

Côte de Beaune: Beaune und Umgebung

Die Kleinstadt Beaune mit dem alten Kopfsteinpflaster und der fast vollständig von einer Mauer umschlossenen Altstadt ist das unbestrittene Zentrum Burgunds und wirkt dabei doch so beschaulich wie die gesamte Region. Nur diskret-vornehme Namensschilder an verwitterten Fassaden weisen darauf hin, dass hier die mächtigen Handelshäuser wie Jadot, Drouhin, Bouchard oder Latour residieren. Unter der Altstadt haben sie ein Labyrinth aus Weinkellern geschaffen.

Beschauliches Leben in ländlichen Dörfern: In Orten wie Aloxe-Corton zeigt sich die französische Provinz von ihrer stillsten Seite.

Viele angenehme Rotweine

Größtenteils wird Rotwein erzeugt. Die guten unter ihnen sind geschmeidig, aromatisch, mittelschwer und früh trinkreif. Berühmt sind der weiße Premier cru »Clos des Mouches« von Drouhin sowie der rote Premier cru »Vignes de l'Enfant Jésus« von Bouchard Père et Fils.

In der nahen Umgebung der Stadt liegen Dörfer, die allesamt für ihre Rotweine (obwohl auch geringe Mengen von oft gutem Chardonnay produziert werden) bekannt sind. Die wichtigsten sind: Volnay, Pommard, Savigny-lès-Beaune und Aloxe-Corton.

Seit dem Jahr 1851 versammelt sich die Wein-Prominenz jährlich am dritten Sonntag im November im Hospice de Beaune zur Versteigerung der Weine des ehemaligen Hôtel-Dieu. Der Erlös der Veranstaltung dient karikativen Zwecken.

Wein für wohltätige Zwecke

Das markante Hôtel-Dieu, einst ein Kranken- und Altenheim, ist das Wahrzeichen der Stadt. Es wurde 1443 von Nicolas Rolin, dem Kanzler des Herzogs von Burgund, und seiner Gemahlin Guigone de Salins gegründet und ist durch Schenkungen in den Besitz von rund 60 Hektar Rebbergen gekommen; der davon gewonnene Wein wird alljährlich für wohltätige Zwecke versteigert. Von Norden her reichen die Weinberge an die Außenquartiere der Stadt. Beaune ist denn auch eine der größten Weinbaugemeinden Burgunds.

Wein-Typ	★	🍷🍷[1]	👄[2]	▬	❶
Beaune (85 % Rotwein)	★ – ★★★	weich und geschmeidig, mit Aromen roter Früchte	gekochter Schinken, Pasteten, Wurst	3–10 Jahre	❷–❹
Volnay (100 % Rotwein)	★★ – ★★★	eher leicht, aber duftig-blumig und elegant	leichte Fleischgerichte, Huhn, Teigwaren	3–10 Jahre	❷–❹
Pommard (100 % Rotwein)	★ – ★★★	robust, gerbstoffbetont, manchmal rustikal	Wildgeflügel, kräftiges Fleisch	4–15 Jahre	❷–❹
Savigny-lès-Beaune (85 % Rotwein)	★ – ★★★	Aromen von Blumen und Himbeeren, filigran, wenn auch oft leicht	Taube, Wachtel, Huhn, gebratenes Schweinefleisch, Kochschinken	3–10 Jahre	❷–❹
Aloxe-Corton (95 % Rotwein)	★★ – ★★★★	gerbstoffreiche, opulente Rotweine, auch mächtige Weiße (Corton-Charlemagne)	Rote zu kräftigem Fleisch und Wild, Weiße zu Krustentieren, Fisch, Kalb	4–20 Jahre	❷–❺

[1] trinkreife Jahrgänge: S. 31; [2] ideale Speisen zum Wein: S. 54

Côte de Nuits: Nuits-Saint-Georges

Es ist schon erstaunlich, wie es die Sorte Pinot noir fertig bringt, ihren Charakter auf so wenigen Kilometern so nachhaltig zu wechseln. Eben noch, in der Côte de Beaune, faszinierten die Weine mit duftiger Finesse und unvergleichlicher Eleganz. Doch sobald man auf der N 74 in nördlicher Richtung die Côte de Nuits erreicht, zeigen die Weine plötzlich mehr Kraft, Opulenz und Langlebigkeit.

Die Grand-cru- und Premier-cru-Lagen an den Hängen des Dorfes Vosne-Romanée bringen Rotweine hervor, die opulente Frucht, Würzigkeit, Eleganz und Konzentration in sich vereinen.

Die kleine Stadt der großen Rotweine

Das Städtchen Nuits-Saint-Georges, mit seinem winzigen, historischen Stadtkern, wirkt verschlafen. Dafür kann der Ort ebenso wie die kleinen Nachbardörfer mit Namen von Winzern und Handelshäusern aufwarten, die jedem Weinliebhaber ein Begriff sind. Den Ruhm verdanken sie dem Terroir: Der Mergel mischt sich hier mit Schwemmsand und Geröllschichten, was dem Pinot noir hervorragend bekommt.

Die Allergrößten kommen aus einem kleinen Dorf

Die großartigsten Weine dieses Teils Burgunds kommen aus dem winzigen Winzerdorf Vosne-Romanée, das auf den Besucher mit seinem verschlossenen Charakter (es gibt im Dorfkern weder einen Laden noch eine Bar) einen schon beinahe abweisenden Eindruck macht. Doch

die Grand-cru-Lagen mit Namen wie »Romanée-Conti«, »Le Richebourg« und »La Tâche«, die vom westlich gelegenen Hang bis ins Dorf hinunter reichen, sind legendär.

Clos Vougeot

Mit seinen 50 Hektar hat dieser – auf den ersten Blick als Einheit wirkende – Rebberg etwa die gleiche Größe wie ein klassisches Bordeaux-Château. Doch während das Bordeaux-Château einem Besitzer gehört und einen Wein erzeugt, zählt der Clos Vougeot heute rund 80 verschiedene Besitzer. Die 40 verschiedenen Clos-Vougeot-Weine, die jährlich auf den Markt kommen, sind höchst unterschiedlich in ihrer Qualität.

Der Weinberg Clos Vougeot

Einen Kilometer nördlich, vor der Ortschaft Vougeot, auf der linken Straßenseite, folgt das von einer Mauer umgebene Rebenmeer des Grand cru »Clos Vougeot«, aus dem sich das mächtige Château erhebt. Der Grand cru »Clos Vougeot« gilt als Sinnbild für den durch Erbteilung aufgesplitterten Rebberg-Besitz in Burgund. Während aber »Clos Vougeot«-Weine je nach Produzent in der Qualität stark schwanken, gelten jene des benachbarten Grand cru »Echézeaux« als sicherer.

Wein-Typ	★	🍷🍷[1]	👄[2]	▬	❶
Nuits-Saint-Georges (98 % Rotwein)	★★ – ★★★★	erdig, Aromen dunkler Beeren, kräftig	Rindfleisch, Nieren, Ochsenschwanz, Brathähnchen	4–15 Jahre	❷–❺
Vosne-Romanée (100 % Rotwein)	★★★ – ★★★★★	Aromen schwarzer Beeren, Vanille, Waldboden, dicht, konzentriert, würzig	Wildgeflügel, Rindfleisch, Wild, auch mit Weinsauce	5–30 Jahre	❷–❺
Clos Vougeot (98 % Rotwein)	★★ – ★★★★	dunkle Frucht, intensiv, fleischig	klassische kräftige Fleischgerichte	5–20 Jahre	❷–❺

[1] trinkreife Jahrgänge: S. 31; [2] ideale Speisen zum Wein: S. 54

Côte de Nuits: Chambertin & Co.

Generell werden Rotweinreben in wärmeren Lagen angebaut. Dort können sie optimal ausreifen. Weiße Sorten laufen in der Wärme Gefahr, bei der Reifung zu viel Säure abzubauen – das Resultat sind dann zwar alkoholstarke, aber eher flache Weine.

Die guten Rotweine aus dem Norden

Kurioserweise sind es in Burgund gerade die nördlichsten Lagen kurz vor der Bischofs- und Universitätsstadt Dijon, die eine ganze Reihe der faszinierendsten Rotweine hervorbringen. Dörfer wie Chambolle-Musigny, Morey-St-Denis, Gevrey-Chambertin oder Fixin liegen nicht nur wunderschön inmitten von Rebbergen, sie verheißen darüber hinaus mit ihren kleinen Bars und Restaurants am Dorfplatz jenes burgundische »Savoir vivre«, diese gewisse Lebenskunst, die der Reisende sucht. Fixin hat eine hübsche Kirche mit einer mehr-

Ganz im Norden der Côte d'Or, nahe der Stadt Dijon, beweist die Pinot-noir-Traube nochmals ihr Potenzial: »Musigny« steht für Eleganz, »Chambertin« für vollmundige, samtige Opulenz.

farbigen Turmspitze, wie sie typisch ist für Burgund, und in Gevrey-Chambertin kann eine Burg aus dem 10. Jahrhundert mit Ecktürmen und gewölbtem Weinkeller besichtigt werden. Man findet hier die typischen »Clos«, alte Kloster-Rebberge, die vollständig von Mauern umgeben sind, oft mit einem daran angebauten Ökonomiegebäude, das der Aufbewahrung von Arbeitsgeräten dient.

Vosne oder Chambertin?

Das ist für eingefleischte Burgunder-Freaks eine Frage, an der sich die Geister scheiden. Wer Wert auf Wucht legt, wird Chambertin vorziehen, wem Eleganz wichtiger ist, der entscheidet sich für Vosne – das nötige Kleingeld vorausgesetzt.

Ernsthafte Rivalen von Vosne-Romanée

Die am Hang exponierten Grand-cru-Lagen reihen sich wie Perlen einer Kette zwischen Chambolle-Musigny und Gevrey-Chambertin aneinander. Die Weine von hier streiten mit denen von Vosne-Romanée um die Krone des besten Rotweins. Selbst Burgund-Liebhaber sind sich nicht einig, ob nun der wuchtig-samtene Chambertin oder der elegant-tiefgründige Romanée-Conti der beste Pinot noir der Welt ist. Das Faszinierende ist, dass beide in ihrer Verschiedenartigkeit gleichermaßen einzigartig sind. Aber auch die einfacheren Weine aus diesem Teil der Côte de Nuits können recht stoffig und charaktervoll ausfallen.

Wein-Typ	★	🍷[1]	👄[2]	▬	❶
Chambolle-Musigny (98 % Rotwein)	★★ – ★★★★	filigrane Frucht, kräftig und zugleich subtil	Huhn, gebratenes Rindfleisch, Hase	3–20 Jahre	❷ – ❺
Morey-Saint-Denis (98 % Rotwein)	★★ – ★★★★	erdig-beeriges Aroma, volle Frucht und kräftiges Tannin	Schnepfe, Wildgerichte	5–30 Jahre	❷ – ❹
Gevrey-Chambertin (100 % Rotwein)	★★★ – ★★★★★	tief fruchtig, mächtig, samtig, verschwenderisch	Brathuhn, klassische Rindfleischgerichte	3–30 Jahre	❷ – ❺
Fixin (95 % Rotwein)	★★ – ★★★	elegant, vollmundig und dicht	Geflügel, Rindfleisch, Eintopfgerichte	3–15 Jahre	❷ – ❹

[1] trinkreife Jahrgänge: S. 31; [2] ideale Speisen zum Wein: S. 54

Côte Chalonnaise: das Herz Burgunds

Im gemütlichen Zwischenland zwischen dem gestrengen Burgund und dem lockeren Beaujolais haben die Weine ihren eigenen Charme: erfrischend, jugendlich, lebensfroh, offen, jedermann zugänglich. »La Côte Chalonnaise – c'est la Bourgogne col ouvert«, schwärmen denn auch die Winzer: »Burgund mit aufgeknöpftem Hemdkragen, ohne Krawatte«. So gibt es hier eine breite Palette gut gemachter, erstaunlich preisgünstiger Rot- und Weißweine, vom einfachen Bourgogne Côte Chalonnaise bis zum ambitiösen Premier cru.

Zwei weitere Sorten: Gamay und Aligoté

Was die Weinsorten betrifft, endet hier die »Doppelrolle« von Chardonnay und Pinot noir. Zwar gibt Pinot noir mit einem Anteil von 67 Prozent ganz klar den Ton an und auch Chardonnay ist mit 10 Prozent vertreten, darüber hinaus findet man hier aber auch zu 13 Prozent die rote Sorte Gamay. Sie kann reinsortig gekeltert werden oder zusammen mit Pinot noir: Der so entstandene einfache Rotwein heißt dann »Bourgogne passe-tout-grain«, deutsch etwa: »Burgunder aus allen Beeren«. 10 Prozent entfallen auf die weiße Rebsorte Aligoté, der im Dorf Bouzeron seit 1979 sogar eine eigene Appellation gewid-

Das idyllisch in die Weinberge gebettete Mercurey ist das bekannteste Weindorf der Côte Chalonnaise. Die Rotweine von hier gelten als fleischig und wuchtig.

met ist. Tatsächlich zeigt sich diese Sorte hier von ihrer besten Seite und ergibt überaus würzige, frische Weine.

Rotwein aus Mercurey, Weißwein aus Rully

Die Côte Chalonnaise besteht genau genommen aus drei kleinen, nicht aneinander grenzenden Weinbaugebieten im Hinterland der geschäftigen Hafenstadt Chalon-sur-Saône, die nicht nur wegen der Barockkirche St-Pierre einen Besuch lohnt. Die zwei bekanntesten Weine der Region sind der kräftige Pinot noir aus Mercurey sowie der charaktervolle Chardonnay aus Rully.

Crémant de Bourgogne

Der wie Champagner im Flaschengärungsverfahren produzierte Schaumwein aus Chardonnay oder Chardonnay und Pinot noir kann im Geschmack an Honig erinnern, wenn man ihn ein, zwei Jahre reifen lässt.

Hier heißt der Schaumwein »Crémant«

Eine weitere Spezialität der Gegend sind die Crémants. In Rully soll schon 1840 erstmals nach Ratschlägen eines Winzers aus der Champagne ein Burgunder Schaumwein hergestellt worden sein. Heute bieten eine Vielzahl von Winzern ausgezeichnete Crémants an.

Wein-Typ	★	[1]	[2]		❶
Crémant de Bourgogne	★ – ★★	aromatisch, ausgewogen, voll und mild	als Aperitif, zu Vorspeisen, Käsegebäck	2–14 Jahre	❷ – ❸
Bouzeron (100 % Weißwein)	★ – ★★	würzig und frisch, oft gehaltvoll	Räucherfisch, Pasteten	1–3 Jahre	❷ – ❸
Rully (70 % Weißwein)	★ – ★★★	blumig, recht voll, Rotweine leicht und elegant	Muscheln, Fisch, Austern, zu Rotwein Eintöpfe oder Huhn	1–4 Jahre	❷ – ❸
Mercurey (85 Rotwein)	★ – ★★★	kräftig und fest, manchmal rustikal	Pasteten, Wurst, Steak, Grillgerichte	3–10 Jahre	❷ – ❸
Givry (85 % Rotwein)	★ – ★★★	duftig, elegant, subtil	Schinken, leichte Geflügelgerichte	3–8 Jahre	❷ – ❸
Montagny (100 % Weißwein)	★ – ★★	kräftig, saftig, Nussaromen, oft wenig Säure	Räucherfisch, andere Fischgerichte	1–4 Jahre	❷ – ❸

[1] trinkreife Jahrgänge: S. 31; [2] ideale Speisen zum Wein: S. 54

Mâconnais: das Tor zum Süden

Im engen Gassengewirr der Altstadt von Mâcon, die sich zur Saône hinunter erstreckt, glaubt man schon mediterranes Flair zu entdecken. Auch in den Dörfern weicht das zurückhaltende Grau der Hausfassaden der Côte d'Or jenen Pastellfarben, die man schon dem Süden zuordnet. Die romanischen Kirchen aus ockergelben Steinen unterstreichen diesen Eindruck noch.

Das Dorf Pouilly-Fuissé ist für seine milden und doch vollen Weißweine bekannt. Der Felsberg Solutré thront in den Rebbergen wie ein Fels in der Brandung. Knochenfunde belegen, dass prähistorische Bewohner hier vor Jahrtausenden eine ganz besondere Form der Jagd pflegten: Sie trieben Wildpferde über diesen Fels in den Abgrund.

Cluny – einst das größte Kloster der Welt

Rund 25 Kilometer nordwestlich von Mâcon befindet sich Cluny, wo ehedem der größte Kirchenkomplex der ganzen Christenheit stand. Der Mönchsstaat, der hier das geistliche Zentrum des Mittelalters schuf, hatte auch großen Einfluss auf den Weinbau. Heute stehen zwar nur noch wenige Reste der einstigen, 187 Meter langen Kathedrale, doch im Musée Ochier kann ein Modell des Klosters besichtigt werden.

Gute Weine für den Alltag

Das Weingebiet im hügeligen Hinterland von Mâcon, rund 50 Kilometer lang und bis zu 20 Kilometer breit, hat zwar eine beträchtliche Ausdehnung, doch beim größten Teil der Produktion handelt es sich um einfache, fruchtige

Trinkweine, die zumeist in Stahltanks vinifiziert werden. Ein beträchtlicher Teil der Trauben wird maschinell geerntet. Mit einem Anteil von zwei Dritteln spielt Chardonnay die Hauptrolle.

Bei den Rotweinen ist der Einfluss des Beaujolais (das unmittelbar südlich der Stadt Mâcon beginnt) schon deutlich zu spüren: Mit einem Anteil von einem Viertel an der Rebfläche ist Gamay hier weitaus bedeutender als Pinot noir, der es nur gerade auf 7,5 Prozent bringt. Allerdings findet man hier allenfalls süffige, aber kaum interessante Rotweine.

Saint Véran

Weißwein mit der AOC Saint-Véran in der Nachbarschaft von Pouilly ist preiswerter. Diese Appellation wurde 1971 geschaffen und hat praktisch den Beaujolais blanc ersetzt. Die Weine von Saint-Véran sind rascher trinkreif als ein Pouilly-Fuissé.

Der Chardonnay von Pouilly-Fuissé

Der berühmteste Wein aus dem Mâconnais ist ganz klar der Pouilly-Fuissé. Die Dörfer Pouilly und Fuissé, die sich überaus idyllisch zwischen die Rebhügel schmiegen, erzeugen erstaunlich voluminöse, mineralische Chardonnays, die besten davon in Barriques (kleinen Eichenholzfässern) ausgebaut, die früh trinkreif sind. Die folgenden fünf Dörfer dürfen ihren Wein Pouilly-Fuissé AOC nennen: Pouilly, Fuissé, Solutré, Chaintré, Vergisson.

Wein-Typ	★	[1]	[2]		❶
Mâcon blanc	★ – ★★	unkompliziert, frisch, bekömmlich, Weine mit Zusatz ‚Villages' oft besser	als Aperitif, zu Fisch, kaltem Fleisch, Soufflés, Tortillas, Gemüseomelett	1–3 Jahre	❶– ❸
Mâcon rouge	★	süffig, fruchtig, leicht	Wurst, Grillgerichte, Couscous, Moussaka	1–3 Jahre	❶ – ❷
Pouilly-Fuissé	★ – ★★★	erdig-mineralischer Weißwein, voll, gute Struktur	Edelfisch, Geflügel, Pasteten	2–5 Jahre	❷– ❸
Saint-Véran (100 % Weißwein)	★	im besten Fall elegant, oft nur mollig und breit	Vorspeisen, Pasta mit Muscheln, einfache Terrinen	1–3 Jahre	❶– ❷

[1] trinkreife Jahrgänge: S. 31; [2] ideale Speisen zum Wein: S. 54

Beaujolais: vom Charme der frischen Frucht

Keine Frage – der Beaujolais ist in den letzten Jahren etwas in Vergessenheit geraten. Zu Unrecht: Ein guter Beaujolais-Cru mit seinem verführerischen Duft nach Rosen, Himbeeren und Kirschen sowie seinem samtig-würzigen und doch frischen Geschmack im Mund ist ein Wein, der stets Freude bereitet, ob man ihn nun am Stammtisch mit Freunden genießt oder aber zur oft deftigen Bistro-Küche kredenzt.
Das hügelige Beaujolais ist mit seinen idyllischen Dörfern eines der schönsten Weinbaugebiete überhaupt. Über kurvige, kleine Sträßchen fährt man vorbei an pittoresken Bauernhäusern und stolzen Anwesen und gelangt in Orte, wo sich kleine Bars, Bäckereien, Metzgereien und Restaurants um den Dorfplatz gruppieren. Die Franzosen bezeichnen das Beaujolais auch als das Herz Frankreichs.

Beaujolais – ein Wein und eine Landschaft

So unbeschwert und heiter wie der süffige Rotwein ist auch die gleichnamige Landschaft, die ihn hervorbringt.

Die Beaujolais-Typen

Das Weingebiet selbst gliedert sich in drei Teile. Der größte, südlichste Teil westlich der Stadt Villefranche-sur-Saône produziert einfachen Beaujolais, fruchtigen, aber meist sauber vinifizierten Trinkwein ohne große Ansprüche. Am besten schmeckt er im Jahr seiner Abfüllung. In der nördlich anschließenden Appellation Beaujolais-Villages fallen die Weine schon voller und aromatischer aus und halten sich auch über einen Zeitraum von zwei Jahren tadellos.

»Cru du Beaujolais«

Die Krone des Beaujolais sind die Cru-Gemeinden ganz im Norden. Überzeugen die Weine der Gebiete

Brouilly, Régnié, Chiroubles und Fleurie mit Frucht und Finesse, so fallen die Weine von Morgon, Chénas und Juliéas etwas voller und opulenter aus. Als bester Cru hat sich Moulin-à-Vent etabliert, dessen beste Weine am meisten Struktur und Fülle zeigen und ein Alterungspotenzial von mehr als fünf Jahren haben können. Einige Moulin-à-Vent-Selektionen werden auch mit guten Resultaten in Barriques ausgebaut.

Gastfreundliche Winzer, die immer bereit sind, mit Besuchern ein Gläschen zu trinken: Das Beaujolais ist eine beschauliche Landschaft, ein Stück Frankreich wie aus dem Bilderbuch.

Das Geheimnis der verschwenderischen Frucht des Beaujolais liegt in der so genannten Ganztrauben- oder Kohlensäure-Maischung. Bei diesem Verfahren werden die Trauben möglichst ganz und unverletzt in die Gärbehälter gefüllt. Dann leitet man Kohlensäure ein, um die Trauben von der Luft abzuschneiden. Die Gärung beginnt im Innern der Beeren. Dies ist vorteilhaft für die Extraktion von Duft und Geschmack.

Wein-Typ	★	🍷[1]	👄[2]	🍾	❶
Beaujolais	★	süffig, fruchtig leicht, einfacher Trinkwein	Gemüsegerichte, Zwiebelkuchen, Wurst	2–5 Jahre	❶ – ❷
Beaujolais-Villages	★ – ★★	fruchtig, rund, frisch	Grillgerichte, Zunge, Leber, Chili con Carne	1–3 Jahre	❶ – ❷
Beaujolais-Cru, z. B. Fleurie, Brouilly, Moulin-à-Vent	★ – ★★★	fruchtig-würzig, geschmeidig, samtig	Leber, Pilze, Currys, Geflügel, Quiche	2–5 Jahre	❷ – ❸

[1] trinkreife Jahrgänge: S. 31; [2] ideale Speisen zum Wein: S. 54

1978
Comte de Lup
BOURGOGNE ROU
APPELLATION BOURGOGNE CONTROL
LUPÉ-CHOL

Die kulinarischen Hochzeiten

Wer »La France profonde« sucht, das »wahre Frankreich«, sollte das ländlich-beschauliche Burgund bereisen. Hier wird in gemütlichen Gasthöfen eine bodenständig-raffinierte Küche gepflegt. Die Zutaten sind vom Feinsten: Gibt es ein zarteres Filet als jenes vom milchweißen Charolais-Rind, ein saftigeres Huhn als das »Poulet de Bresse«?

In Burgund isst und trinkt man nicht erst seit gestern gut. Dies beweist ein Blick auf die Menüfolge eines Gelages, das der Burgunder Herzog Philipp der Gute im Jahr 1454 gegeben hat. Jede Speise – Huhn, Rind, Pfau, Hirsch, Reh, Wildschwein, Rebhuhn, Fasan, Hecht, Karpfen, Aal – wurde in 48 verschiedenen Zubereitungen zu Tisch gebracht!

Regionale Küche mit Raffinesse

Heute bemühen sich die Köche um eine ausgewogene regionale Kost. Das Fundament bilden dabei klassische Gerichte wie der berühmte Coq au vin (Hähnchen in Wein gegart) oder Bœuf Bourguignon (Rindfleisch, zusammen mit Kräutern und Zwiebeln in Rotwein geschmort). In dem fruchtbaren Hügelland, das sich westlich weit über das Gebiet der Weinberge dehnt, findet sich alles, was für eine schmackhafte Küche nötig ist. In der Saône fischt man immer noch schmackhaften Zander, das Bressehuhn, das seine Getreidekörner im Freien pickt, ist das einzige Geflügel Frankreichs mit kontrollierter Herkunft. Ebenso berühmt: Senf aus Dijon oder der Époisses, jener cremige Weichkäse, der durch das Bestreichen mit Marc de Bourgogne (Tresterbranntwein) seinen aromatischen Geschmack bekommt.

Links: Coq au vin gehört zu den bekanntesten Regionalgerichten Burgunds. Stücke von erstklassigem Hähnchen werden mit Knoblauch eingerieben, kurz angebraten und in einer Sauce aus Wein, Speck, Gemüse, Zwiebeln und Pilzen geschmort, über Nacht eingelegt und danach einfach aufgewärmt. Die Regel für einen perfekten Coq au vin lautet: eine Flasche in die Sauce, zwei auf den Tisch!

Gut muss nicht teuer heißen

Nicht nur die teure Gleichung »Großer Wein zu großer Küche« garantiert perfekten Genuss – ein einfacher Beaujolais zu einer guten, hausgemachten Wurst kann ebenso viel Genuss bereiten.

Die Vermählung von Essen und Wein

Obwohl in Burgund im Wesentlichen nur drei Rebsorten (Chardonnay, Gamay und Pinot noir) angebaut werden, ist die Weinvielfalt so groß, dass sich zu jedem Gericht der passende Wein finden lässt. Dies vor allem deshalb, weil Chardonnay und Pinot noir so vielfältige Sorten sind und eine große Bandbreite an Weinen hervorbringen. Ein leichter Mâcon blanc und ein vollmundig-opulenter Premier cru aus Meursault sind grundverschieden und bestehen doch beide zu 100 Prozent aus Chardonnay.

Leichte Weißweine

Zu finden sind sie vor allem im Mâconnais und der Côte Chalonnaise. Aber auch ein Bourgogne blanc eines guten Handelshauses ist ein erfrischender Genuss. Die leichten Burgunder Weißweine sind ideale Begleiter für all das, was die Flüsse Burgunds hergeben. Viele Einheimische wählen zu den Schnecken, die zumeist mit einer würzigen Kräutersauce serviert werden, einen säurebetonten Aligoté.

Überall auf den Bauernmärkten in Burgund findet man erstklassiges Geflügel, das seine Körner im Freien picken konnte.

Volle Weißweine

Grands crus wie Montrachet oder Corton-Charlemagne – das sind die Chardonnay-Monumente schlechthin. Schmackhafter Edelfisch ist immer eine gute Wahl, auch Jakobsmuscheln in Rahmsauce oder Lachs. Wer aber in Burgund bleiben will, wählt am besten Geflügel aus dem nahen Bresse, serviert mit einer Weißweinsauce.

Beaujolais

Beaujolais harmoniert ebenso vorzüglich mit *Andouilette,* der in jedem Dorf nach eigenem Rezept gefertigten Wurst, wie zur *Charcuterie,* den Aufschnittsorten, die in den Metzgereien der Dörfer reichlich zu finden sind. Und auch zu regionalen Käsespezialitäten, etwa dem kräftigen Ziegenkäse *Crottin de Chavignol* oder dem *Époisses* kann ein fruchtig-würziger Villages oder ein Chénas bzw. Moulin-à-Vent überzeugen.

Charolais-Rind

Nach der südburgundischen Stadt Charolles ist die weiße Mastrind-Rasse benannt, die für ihr außerordentlich saftiges und zartes Fleisch bekannt ist. Nicht wenige Weinkenner sind der Meinung, dass ein großer roter Burgunder zu einem einfach gebratenen Stück Charolais-Rindfleisch am besten schmeckt.

Leichte und mittelschwere Rotweine

Gibt es etwas Besseres zu einem roten Beaune als *Jambon persillé* (Schinkenstücke in Weißweinsülze mit Petersilie und Knoblauch) mit einem frischen Stück *Baguette?* Ein eleganter Savigny kann einen Schinken im Brotteig genauso zum exklusiven Gericht machen wie ein kräftiger Mercurey die *Boudin noir* (Blutwurst). Aber auch elegantere Kombinationen sind denkbar: Brathähnchen, Kalbsschnitzel …

Volle, große Rotweine

Die klassischen Rezepte Burgunds sehen reichlich Butter und Sahne vor. Widmen wir uns den überaus schmackhaften Saucen, bei denen nebst Wein auch Champignons und Speck eine wichtige Rolle spielen. Zwei regionale Rezepte sind es, die zu den großen Roten, allen voran den Grand-cru-Weinen wie Chambertin, Musigny, Echézeaux, Clos de la Roche oder Richebourg, immer wieder empfohlen werden. Für den *Coq au vin* wird ein erstklassiges Hähnchen angebraten und mit Wein, Speck, Wurzelgemüse, Zwiebeln, Pilzen und Kräutern geschmort. Beim *Bœuf Bourguignon* wird ein gutes Stück Rindfleisch mit einer ganz ähnlichen Sauce zubereitet.

Welcher Wein wozu?

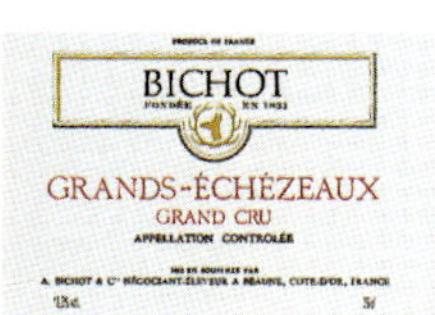

Weintypen	Weine
Schaumwein	Crémant de Bourgogne (S. 45)
leichter Weißwein	Aligoté (S. 44), Mâcon blanc (Villages) (S. 47), Saint-Véran (S. 47), Rully (S. 45), Montagny (S. 45), Saint-Aubin (S. 37), einfacher Pouilly-Fuissé (S. 47), Bourgogne blanc und Bourgogne Villages
voller Weißwein	Grand-cru- und Premier-cru-Weine aus Chassagne-Montrachet (S. 37), Puligny-Montrachet (S. 37), Meursault (S. 37), Corton-Charlemagne (S. 39). Auch gute Pouilly-Fuissés (Lagenweine und Vieilles vignes) (S. 47)
Beaujolais	einfacher Beaujolais (S. 49), Beaujolais-Villages (S. 49) oder Beaujolais-Crus (z. B. Fleurie, Brouilly, Chiroubles) (S. 49). Moulin-à-Vent ist schwerer
leichter und mittelschwerer Rotwein	Givry (S. 45), Mercurey (S. 45), Beaune (S. 39), Santenay (S. 37), Savigny-lès-Beaune (S. 39), Monthélie Volnay, Bourgogne rouge
voller Rotwein	Aloxe-Corton (S. 39), Vosne-Romanée (S. 41), Chambertin (S. 43), Morey-Saint-Denis (S. 43), Chambolle Musigny (S. 43)

zur Wahl der Jahrgänge: siehe Trinkreife-Tabelle S. 31

Klassische Burgunder Küche*	Speisen generell	
Flusskrebse, Gougères (Käsegebäck)	Austern, Räucherfisch, Risotto	
Pochouses und Matelotes (Fischsuppen), Œufs en Meurette (pochierte Eier in Weinsauce)	frittierte Fische, Muscheln, gefüllte Teigtaschen, Eierspeisen	
Flussfische (z. B. Zander), Lachspastete, Escargots (Weinbergschnecken)	Edelfisch (z. B. Steinbutt, Seezunge), Krustentiere (Hummer, Crevetten), Geflügel (mit Weißweinsauce), Kalbsbraten	
Käse (Epoisses, Crottin de Chavignol), Salade Beaujolaise (mit Hühnerleber und Schinken), Andouilette (Kuttelwurst)	Quiches, Chili con Carne, Leber, Zwiebelkuchen, gegrilltes Gemüse	
Jambon persillé (Schinken), Poulet de Bresse (Bressehuhn)	Schinken, Eintopfgerichte, Pasteten	
Bœuf Bourguignon, Coq au vin, Lapin rôti (Kaninchenbraten)	Nieren, gekochtes oder gebratenes Rindfleisch, Wildgeflügel, Ochsenschwanz	

*Erklärungen zu burgundischen Gerichten auf S. 51–53

CARILLON
1632
Vins de
BIENVENUES-BATARD-MONTRAC
GRAND CRU
1990
Mis en bouteille à la propriété par CARILLON Louis
PRODUCE OF FRANCE
1989
PRODUCT OF FRANCE
JEAN NOËL GAGNARD
GRAND VIN DE BOURGOGNE
PREMIER CRU
APPELLATION CHASSAGNE-MONTRACHET CONTROLEE
1989
Grand Cru
de Bourgogne
Bâtard-Montrachet
APPELLATION CONTROLÉE
Mis en bouteille par
Blain-Gagnard
PRODUCE OF FRANCE

Die schönsten Güter, die besten Weine

Die Suche nach gutem Burgunder kann beinahe zu einer Lebensaufgabe ausarten. Halten Sie sich bei Ihren Recherchen lieber an das Renommee eines Produzenten als an die Klassifizierungen auf dem Etikett. Alle in diesem Guide aufgelisteten Erzeuger erachten wir als zuverlässig und ihre Weine als empfehlenswert.

Die Sterne führen zu den qualifizierten Gütern. Meist wird eine Bandbreite der offerierten Qualitäten angegeben. ★ – ★★★★★ bedeutet, dass dieses Gut vom fruchtigen Beaujolais bis zu einem Lagenwein der Côte de Nuits alles erzeugt. Die Preiskategorien der Weine sind mit den bekannten Münzsymbolen ➊ – ➎ vermerkt. Was Qualität und Preiskategorien im Einzelnen bedeuten, sehen Sie auf S. 33.

Der Weinratgeber, der ständig aktuell bleibt
Natürlich ändert sich das Angebot ständig, die Qualität der Weine von Jahrgang zu Jahrgang. Um stets aktuell zu bleiben, bedient sich die Vinoteca des Internets. Dort steht eine Website zur Verfügung, die vom internationalen Weinmagazin Vinum unterhalten wird. Unter der Internetadresse www.vinoteca.falken.de finden Sie Resultate und Kommentare zu den neuesten Verkostungen.

Weinauskunft auf Abruf
Wenn Ihnen das Netz der Netze noch ein Buch mit sieben Siegeln ist, können Sie aktuelle Verkostungsnotizen direkt anfordern bei: Vinum Verlag, Biebricher Allee 134, D-65187 Wiesbaden.
Intervium AG, Klosbachstrasse 85, CH-8030 Zürich.

Links: Die Grand crus von Montrachet gehören zu den beinahe unerschwinglichen Spitzenweinen aus Burgund.

CÔTE DE NUITS

Domaine de l'Arlot ★ – ★★★★
Prémeaux

Nach wie vor ist der weiße Clos de l'Arlot ❺ die Stärke dieser Domaine. Er ist zweifellos gegenwärtig der größte Weißwein der Côte de Nuits. Die Rotweine ❸–❺ dürften jedoch, gemessen an dem hingebungsvollen Einsatz von Jean-Pierre de Smet, in Farbe und Körper etwas kräftiger ausfallen.

Domaine Bertagna ★★
Vougeot

Dieses Gut hat einen spektakulären Aufschwung hinter sich und erzeugt heute Weine von intensiver Farbe und schönen Aromen von roten Beeren, die vielleicht noch etwas stark von Holz dominiert werden. Nicht alle Cuvées sind von gleicher Qualität, doch die weißen und roten Premiers crus aus dem Clos de Vougeot ❺ kommen einem Chambolle Musigny gleich.

Domaine Philippe Charlopin ★★★
Gevrey-Chambertin

Philippe Charlopin gehört zur jungen, ehrgeizigen Winzergeneration von Gevrey-Chambertin, die sich zum Ziel gesetzt hat, den Ruf der Appellation zu neuem, altem Glanz zu führen. Geradezu gnadenlos selektioniert er sein Traubengut und erhält dadurch Weine von tiefer Farbe und großer Konzentration, mit denen er sofort Erfolge einheimsen konnte (besonders empfehlenswert der Clos Saint-Denis ❺. Für Neukunden ist nur der Gevrey-Chambertin vieilles vignes ❺ lieferbar.

Domaine R. Dubois et Fils ★ – ★★★
Prémeaux-Prissey

Dubois erzeugt zwar in vielen kleinen Appellationen von Beaujolais ebenfalls Wein, hat aber in Nuits-Saint-Georges ein wichtiges Standbein. Aus dem Weinangebot ❶ – ❹ ragt besonders der Nuits-Saint-Georges Clos des Argillères ❹ hervor. Unglaublich, welche Qualitätssteigerung hier durch verbesserte Technik erzielt werden konnte!

Domaine Dujac ★★★
Morey-Saint-Denis

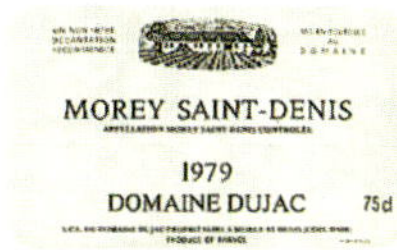

Jacques Seysses hat seine Weine in der ganzen Welt bekannt gemacht und zahlreiche Erzeuger von Pinot noir haben sich seinen Stil zum Vorbild genommen. Dank Kaltvergärung der ganzen, nicht entrappten Trauben erreicht er bewundernswerte Aromafeinheiten, wobei das neue Holz manchmal den Ausdruck des Terroirs etwas dominiert. In den letzten Jahren haben die Weine ❺ an Kraft und Klarheit gewonnen.

Domaine Faiveley ★★★★
Nuits-Saint-Georges

François Faiveley brachte die Domaine-Weine dieses wichtigen Handelshauses an die Spitze: Gute Lagen, konsequente Ertragsbeschränkung und sorgfältige Vinifikation ergeben körperreiche Rotweine ❺ und einen mineralischen weißen Corton-Charlemagne ❺, die vor jeder Konkurrenz zu bestehen vermögen. Die Weine der Côte Chalonnaise ❹ erreichen nicht dieselbe Höhe, doch sind sie dank des Volumens der Produktion, dank konstanter, sauberer Qualität und nicht zuletzt wegen ihrer vergleichsweise bescheidenen Preise bei Zwischenhändlern in der Gastronomie beliebt.

Domaine Fougeray de Beauclair ★★
Marsannay-la-Côte

Der teure Star dieses Erzeugers ist der Bonnes-Mares aus Saint-Morey ❺, die Weine der Appellation Marsannay ❷ – ❸ sind für den Geldbeutel eine viel weniger große Strapaze. Besonders zu empfehlen ist der Clos Saint-Jacques ❸.

Domaine Geantet-Pansiot ★★★
Gevrey-Chambertin

Der junge Vincent Geantet ist einer der brillantesten Pinot-noir-Erzeuger der letzten zehn Jahre. Rascher als andere hat er die Vorzüge der Kaltvergärung erkannt, die der Önologe Guy Accad propagiert. Auch ohne dessen Hilfe hat er ein unfehlbare Technik entwickelt, dank der er Weine von unnachahmlicher Farbe mit lila Reflexen, frischen Aromen und schöner Terroir-Typizität ❷ – ❹ keltert.

Domanie Jean Grivot ★★★★
Vosne-Romanée
Das Gut erzeugt Rotweine von tiefer Farbe und frischen Aromen, die sich für lange Lagerung eignen und nicht vorzeitig oxidieren. Die Weine von Nuits-Saint-Georges sind zwar etwas weniger gefragt als jene von Vosne-Romanée, sind diesen aber durchaus ebenbürtig. Die Grands crus sind körperreicher, insbesondere der langlebige Clos de Vougeot ❺.

Domaine Jayer-Gilles ★★★
Magny-les-Villers

Gilles Jayer-Gilles hat heute auf diesem berühmten Gut allein das Sagen. Der Stil des Hauses sind Weine, die dank Kaltvergärung eine schöne Frucht haben und behutsam im Eichenholz ausgebaut werden ❸ – ❺. Leider gibt es davon nur sehr kleine Mengen.

Dominique Laurent ★★★★
Nuits-Saint-Georges
Ein junger Konditor aus Vesoul verliebte sich in den Burgunder, und zwar so sehr, dass er sich als Händler in Nuits-Saint-Georges zu etablieren versuchte. Zunächst mit wenig Glück, doch auf den Rat der alten Hasen hin, kam er auf einen langsameren Ausbau auf der Hefe zurück und setzt äußerst geringe Schwefelgaben ein. Er ist ein enorm begabter »Elevateur«, innerhalb von drei Jahren haben sich die Weine dieses Jungstars (Beaune Premier cru, Mazis Chambertin, beide ❺) eine kleine, eingeschworene Gemeinde und internationale Anerkennung erobert.

Domaine Leroy ★★★★★
Auxey-Duresses
Die Weinberge dieser Domaine umfassen jedes Terroir, vom Chambertin ❺ bis zum Volnay-Santenos ❺. Die Besitzerin Lalou Bize-Leroy versteht es, deren Ausdruck auch in hervorragender und konstanter Qualität in die Flasche zu zaubern, allerdings manchmal in geradezu winzigen Mengen. Die Reben werden so streng zurückgeschnitten, dass sie nur halb so viel, ja manchmal noch weniger Ertrag bringen als bei anderen Spitzengütern. Der Boden konnte sich dank der Umstellung auf konsequent biologischen Anbau erholen und prägt den Charakter der in jeder Hinsicht kostbaren Weine. Wer sich durch die Preise nicht abschrecken lässt, muss sich beeilen, wenn er sich ein paar Flaschen vom Jahrgang 1997 sichern will, die die Amerikaner und die Japaner übrig gelassen haben. Auf dem Weingut selbst werden nur professionelle Weinkäufer empfangen.

Domaine Méo-Camuzet ★★★★
Vosne-Romanée

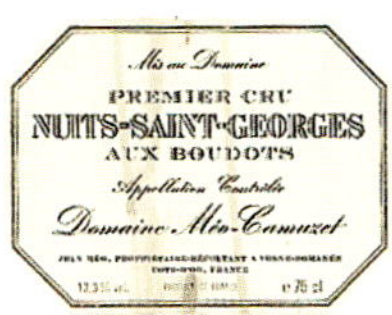

Nicolas Méo hatte das Glück, bei Herni Jayer in die Lehre zu gehen, und ist bei weitem dessen begabtester Schüler. Er pflegt seinen Weinberg mit einem Eifer, der an Besessenheit grenzt, keltert mit größter Sorgfalt und baut seine Weine heute mit viel mehr Können und Geschick aus. Der Vosne-Romanée ❺ und der Nuits-Saint-Georges ❺ sind von beispielhafter Eleganz.

Domaine Thomas Moillard
Moillard-Grivot ★★–★★★
Nuits-Saint-Georges

Das Handelshaus trägt den Namen Moillard-Grivot. Bei den Weinen der Domaine Thomas Moillard sind deutliche Verbesserungen feststellbar, die Weine ❸–❺ sind wunderbar strukturiert und füllig.

Domaine Daniel Rion et Fils ★★★
Prémeaux-Prissey
Hier werden Weine in einem frischen, eleganten Stil erzeugt, der auf dem angelsächsischen Markt großen Anklang findet. Nach ein paar Jahren lassen sie etwas nach; so ist es empfehlenswert, den Vosne-Romanée ❸ recht jung zu trinken. Clos des Argillières ❺ und Clos de Vougeot ❺ haben das größere Lagerpotenzial.

Domaine de la Romanée Conti ★★★★★
Vosne-Romanée

Das berühmteste Weingut in ganz Burgund ist im Besitz unvergleichlicher Grands crus – und Alleininhaber der Lage Romanée-Conti und von La Tâche. Man tut buchstäblich alles, um den Ausdruck des Terroirs im Wein wiederzugeben. Das spiegelt sich aber auch im Preis wider: Die Weine von DRC sind die teuersten Burgunder. Noch am ehesten erschwinglich sind Echezeaux ❺, Grands Echezeaux ❺ und Romanée-Saint-Vivant ❺. Jahr für Jahr verweist La Tâche ❺ alle anderen Burgunder Gewächse mit seinem Bukett und seinem kräftigen Körper auf die Ränge. Montrachet und Romanée-Conti sind eher Mythen denn Weine und können vielleicht gerade darum gelegentlich etwas enttäuschen. Besucher werden nicht empfangen, aber man verkauft an ausgewählte Kundschaft auch direkt.

Domaine Joseph Roty ★★★★
Gevrey-Chambertin
Joseph Roty ist einer der Meister-Weinmacher der Region: Wenn ihm seine langsame Kaltvergärung gelingt, erzeugt er Wein von einzigartiger Eleganz und Komplexität, die er durch den gekonnten Einsatz von Eiche unterstützt. Sein Charmes-Chambertin ❺ steht einzigartig da, die einfachen Weine, Bourgogne und Marsanny, sind ihr Geld allemal wert.

Domaine Georges Roumier ★★★★
Chambolle-Musigny
Christophe Roumier führt den Familienbetrieb, dem die besten Lagen von Chambolle-Musigny ❺ und eine schöne Parzelle in Morey-Saint-Denis gehören. Er erzeugt klassische Burgunder mit einer etwas deutlicheren, aber sehr harmonischen Holznote, die gut altern. Die kleineren Jahrgänge gelingen ihm immer besonders gut.

Domaine Comte Georges de Vogüé ★★★★★
Chambolle-Musigny
Dieses Vorzeigegut hat nur auf der Gemarkung von Chambolle-Musigny Weinbergsbesitz: drei Viertel der Lage Musigny, die in Bezug auf Eleganz und Feinheit des Buketts als Einzige mit La Romanée-Conti rivalisieren kann. Zwischen 1970 und 1988 war die Qualität etwas verflacht, doch seither wurde man Zeuge einer wahren Wiederauferstehung: Die Weine, die Kellermeister François Millet erzeugt, brillieren förmlich mit Farbe, Bukett und Körper und überzeugen mit ihrer konstanten Qualität: Musigny Grand cru ❺, Chambolle ❺, Musigny Bonnes-Mares ❺. Leider kann das Gut keine neuen Kunden mehr beliefern.

CÔTE DE BEAUNE

Domaine Guy Amiot et Fils ★★★
Chassange-Montrachet
Das Gut besitzt bemerkenswerte Parzellen mitten in der Appellation Chassagne-Montrachet, darunter ein Zipfelchen der Lage Montrachet Grand cru (eine Flasche kostet über 200 DM). Guy Amiot ist ein ambitionierter und gewissenhafter Weinmacher, dem fruchtige Rote ❹–❺ und aromatische Weiße ❹–❺ gelingen.

Domaine Arnoux Père et Fils ★★
Chorey-lès-Beaune
Dank großer Fortschritte in der Vinifikation haben die Weine dieser Domaine an Frucht und Geschmeidigkeit gewonnen. Die Jahrgänge 1996 und 1997 sind beispielhaft. Die Weine mit der Bezeichnung »Villages« ❶–❷ sind jung zu trinken, die Premiers crus von Beaune ❸ und Savigny-lès-Beaune ❷ begeistern mit ihrer delikaten Frucht. Der Corton Rognet Grand cru ❺ überzeugt mit seiner Kraft, die jedoch die feine Terroirnote nicht übertönt.

Domaine Roger Belland ★★
Santenay
Diese Domaine ist im Besitz guter Lagen in Santenay ❷–❸ und beachtlicher Premier-cru-Lagen von Chassange-Montrachet ❸, Puligny-Montrachet ❺ und Volnay ❹, dazu einer hervorragenden Parzelle von Criots-Bâtard-Montrachet ❺. Roger Belland ist ein absoluter Perfektionist, er gehört zu den jungen begeisterten Winzern seiner Gemeinde. Die sorgfältig vinifizierten Weiß- und Rotweine spiegeln ihr Terroir ausgezeichnet wider.

Maison Albert Bichot ★–★★
Beaune

Ein großes Handelshaus, das sich auf den Export konzentriert. Seine wichtigsten Untermarken: Paul Bouchard, Jean Bouchard, Léon Rigault, Rémy Gauthier. Die Weine, die unter dem Namen Namen Lupé-Cholet ❸ verkauft werden, sind die besten.

Domaine Simon Bize et Fils ★★★
Savigny-lès-Beaune
Patrick Bize ist mit seinem Idealismus und seiner Energie, mit denen er sich für die Unverfälschtheit des Terroirs einsetzt, eine der gewinnendsten Winzerpersönlichkeiten der jungen Generation: Er liebt gute Küche, ist ein sicherer Degustator und steht neuen Ideen stets aufgeschlossen gegenüber – ein Vertreter der Appellation, wie man ihn sich nicht besser wünschen könnte. Seine Rotweine ❺ sind fruchtig und reifen hervorragend.

Bouchard Père et Fils ★–★★★★
Beaune

Im Frühjahr 1995 kaufte Joseph Henriot diese große und wichtige Burgunder Firma auf, doch Christophe Bouchard blieb technischer Leiter. Henriots Ziel ist es, sowohl die Domaine wie auch das Handelshaus wieder auf Vordermann zu bringen. Die kräftigen und harmonischen Rotweine und die reintönigen, aromatischen Weißweine des Jahrgangs 1996 ❸–❺ zeigen, dass er dabei den richtigen Weg eingeschlagen hat.

Domaine Chandon de Briailles ★★★★

Savigny-lès-Beaune

Dieses Gut ist im Besitz der besten Parzellen von Corton, Pernand-Vergelesses und Savigny und kann für die Weine aller Appellationen ❸–❺, die es erzeugt, ohne Ausnahme als Referenz herangezogen werden. Die Reben werden umweltfreundlich und mit größter Sorgfalt gepflegt, bei der Vinifikation legt man mehr Wert auf Feinheit als auf Kraft. Die Produktion zeichnet sich über die Jahre durch konstante Qualität aus. Neu in die Familie der großen Gewächse wurde ein roter Corton-Charlemagne ❺ aufgenommen, der Claude de Nicolay und seinem treuen Verwalter Jean-Claude Bouveret schon im ersten Jahr hervorragend geglückt ist.

Domanie Louis Carillon et Fils ★★★

Puligny-Montrachet

Dieses Traditionsgut ist im Besitz ausgezeichneter Premier-cru-Lagen. Die Weißweine ❹–❺ werden in neuem Eichenholz ausgebaut, sie haben die eleganten Zitrusnoten, die für Puligny-Montrachet so charakteristisch sind, und einen sauberen Abgang.

Champy Père et Compagnie ★★

Beaune

Erst vor kurzem hat die angesehene Handelsdynastie Meurgey dieses altehrwürdige Haus übernommen. Das Ziel sind terroirtypische Rot- und Weißweine wie der rote Savigny-lès-Beaune Premier cru ❸ oder der weiße Saint-Aubin Murgers Dents de Chines ❹. Der Jahrgang 1996 ist der erste, der unter der Regie von Pierre Meurgey vinifiziert wurde, und man machte damit hinsichtlich Qualität einen deutlichen Sprung nach vorn.

Domaine Chanson Père et Fils ★★★

Beaune

Diese geschichtsträchtige Firma ist im Besitz des schönsten Premier-cru-Weinbergs von Beaune. Seit den Achtzigerjahren haben sich die Weine beständig verbessert. Die Roten haben ein schönes Pupurrot und begeisternde Aromen, die Weißen sind heute viel frischer. Die zugekauften Weine von der Côte de Nuits haben den Stil dieser Appellation wiedergefunden. Und trotz dieses Qualitätsaufschwungs sind die Preise vernünftig geblieben ❸–❺.

Domaine Fernand Chevrot ★★

Cheilly-lès-Maranges

Fernand Chevrot ist ein glühender Anhänger der Appellation Maranges. In seinem vorbildlich gepflegten Keller können Besucher farbintensive, gehaltvolle Rotweine wie den Maranges Côte de Beaune Sur le Chêne ❷ und den weißen Bourgogne Aligoté ❶ verkosten.

Domaine Henri Clerc ★★

Puligny-Montrachet

Auf diesem Gut liebt man alkoholreiche Weißweine von goldener Farbe mit kräftigen Holz- und Honignoten. So üppig und barock sie in ihrer Jugend erscheinen, so gut altern sie und bezaubern nach 20 Jahren Flaschenlagerung durch ihre Kraft und Harmonie. Der Bienvenues-Bâtard-Montrachet ❺ ist hervorragend.

Domaine Michel Colin-Deléger ★★

Chassagne-Montrachet

Diese mit guten Lagen gesegnete Domaine unternimmt alles, um die Qualität ihrer Weine Jahr für Jahr zu steigern. Die weißen Premiers crus von Chassagne-Montrachet ❷–❺ mit ihren zarten Butteraromen sind elegant und schon in ihrer Jugend gut zugänglich, gewinnen allerdings durch Flaschenlagerung nur wenig an Komplexität.

Maison Doudet-Naudin ★★
Savigny-lès-Beaune
In diesem alteingesessenen Haus gehen große Veränderungen vor sich: Waren ältere Jahrgänge noch alkoholreich, rund und nicht besonders terroirtypisch, überzeugt der weiße Savigny-lès-Beaune ❸ in den letzten Jahren durch seine frische und dezente Holznote. Die Rotweine ❸–❺ sind etwas weniger ausdrucksstark, werden aber von Jahr zu Jahr besser.

Maison Joseph Drouhin ★–★★★★
Beaune

Robert Drouhin und seine Kinder leiten das renommierte Handelshaus, das zugleich einen bedeutenden Weinbergsbesitz sein Eigen nennt. Große Burgunder sind immer ein Balanceakt zwischen Finesse und Körper. Bei Drouhin entscheidet man sich eher zugunsten der Feinheit. Die Rotweine werden in offenen Gärbehältern von natürlichen Hefen bei langer Maischezeit und geregelter Temperatur vergoren. Die weißen Trauben werden schonend gepresst, damit sich aus den Kernen keine Bitterstoffe freisetzen. Ein Paradewein des Hauses ist der rote und weiße Beaune Clos des Mouches ❺, aber auch günstigere Weine wie der Chambolle Musigny ❹ oder der weiße Saint-Aubin ❸ sind empfehlenswert.

Domaine Dubreuil-Fontaine Père et Fils ★★
Pernand-Vergelesses
Die Weinberge werden aufmerksam gepflegt und man legt Wert auf eine sorgfältige Vinifikation. Die Gewächse der Lagen Corton und Aloxe-Corton ❺ dieser Domaine findet man in Frankreich auf den Karten vieler Spitzenrestaurants. Die roten Premiers crus Savigny les Vergelesses ❷ und Pernand-Vergelesses Ile de Vergelesses ❸ und auch der weiße Clos Berthelet Monopole ❸ sind erschwinglicher.

Château Génot-Boulanger ★★
Meursault
Heute vinifiziert eine ultramoderne Kellerei in Meursault die Weine dieses alten Familienbetriebs, der dank eines Generationenwechsels zu neuem Leben erwacht ist. Das Haus besitzt sehr schöne Lagen, doch die Preise sind vernünftig: Mercurey Saumonts Premier cru ❷, Beaune Grèves Premier cru ❸, Aloxe-Corton Clos du Chapitre ❹ sind Rotweine mit einem besonders guten Preis-Wert-Verhältnis, unter den Weißweinen ragt der Chassagne-Montrachet Chenevottes ❹ hervor.

Domaine Germain Père et Fils ★★★
Chorey-lès-Beaune

An diesem Erzeuger kommt keiner vorbei, der die Weine von Beaune liebt. Das Gut ist im Besitz fünf bemerkenswerter Premier-cru-Lagen, die besten sind Les Vignes Franches und Les Teurons, beide ❺. Jacques Germain ist ein Weinmacher, dem es gelingt, Finesse und Kraft zu vereinen. Sein weißer Pernand-Vergelesses wird mit seiner Frische all jene begeistern, die bei Weißwein nicht in erster Linie die Holznoten suchen. Die Familie ist im Besitz von Schloss Chorey, das auch einige wunderschöne Gästezimmer hat.

Vincent Girardin ★★
Santenay
Vincent Girardin ist der aktivste und ambitionierteste Winzer im südlichen Teil der Côte de Beaune. Mit seinen stark holzgeprägten Weinen, wie sie in den Achtzigerjahren beliebt waren, wurde er international bekannt. Heute ist er im Umgang mit dem Holz vorsichtiger geworden, seine Weine der Appellationen Maranges ❷-❸, Chassagne ❹ und Santenay ❸ danken es ihm mit fruchtigeren Aromen.

Domaine Antonin Guyon ★★★
Savigny-lès-Beaune

Dieser Familienbetrieb hat eine für die vergangenen 30 Jahre typische Entwicklung hinter sich: Er hat sich an der Côte de Beaune und an der Côte de Nuits vergrößert und erzeugt heute Weine verschiedener Appellationen. In den letzten zehn Jahren wurde die Qualität der Rot- und der Weißweine gesteigert: Die sorgfältig gekelterten Weißen Meursault, Charmes-Chambertin und Corton-Charlemagne ❺ brauchen sich vor den allerbesten Gewächsen nicht zu verstecken, die Roten Corton, Aloxe-Corton Premier cru und Volnay Clos des Chênes ❺ haben an Farbe und Frische deutlich zugelegt.

Maison Louis Jadot ★★★★
Beaune

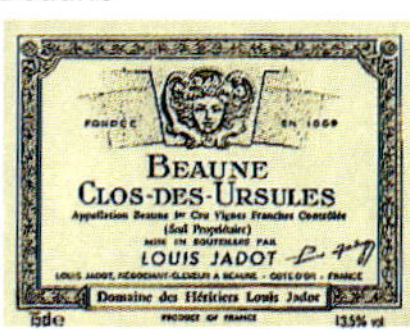

Jacques Lardière ist der hochtalentierte Önologe des Hauses. Die Vinifikation, der er sich verschrieben hat, ist zwar nicht jedermanns Sache: hohe Gärtemperaturen für Rotwein, teilweise malolaktische Gärung beim Chardonnay. Doch die so erzeugten Weine nehmen in manchen Jahren äußerst bemerkenswerte Dimensionen an und spiegeln das Terroir unglaublich präzise wider. Die Weine aus dem hauseigenen Lesegut sind immer die besten: die Roten von intensiver, tiefer Farbe, mit den dichtesten Tanninen ganz Burgunds, die sie unglaublich langlebig machen. Die Weißweine sind von üppiger Textur. Unter der Leitung von Pierre-Henry Gagey ist es dem Haus gelungen, die größte Palette verschiedener Appellationen unter einem Dach zu vereinen, deren Qualität (mit Ausnahme der Weine von außerhalb der Côte d'Or) von Jahr zu Jahr steigt. Zu den preisgüns-tigsten Rotweinen gehört der Santenay Clos de Malte ❸, der legendäre rote Chevalier-Montrachet Les Demoiselles kostet mehrere Hundert Mark die Flasche.

Domaine des Comtes Lafon ★★★★★
Meursault

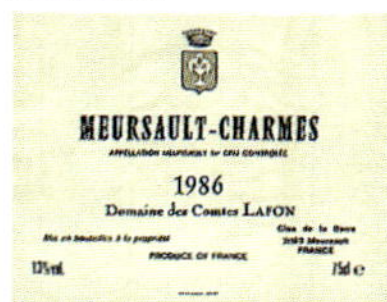

Weltweit produzieren nur wenige Güter Jahr für Jahr Weiß- und Rotweine von einer solch exzellenten Qualität. René Lafon hatte seine sensationellen Erfolge in erster Linie den weißen Meursault- und Montrachet-Weinen ❺ zu verdanken. Sein Sohn Dominique, für viele der unangefochtene Leitstern der Winzer seiner Generation, hat die Rotweine ❺ auf dasselbe Niveau gebracht. Im Besitz der Domäne sind die besten Lagen von Volnay und Meursault, dazu eine Parzelle von Montrachet. Dominique Lafon pflegt seine Reben mit größter Sorgfalt, geht aber hohe Risiken ein, um die Trauben bei optimaler physiologischer Reife zu lesen und das Beste aus ihnen herauszuholen. So erreichen die Weißweine bewundernswerte Fülle und Extraktreichtum, während die Rotweine, vor allem der Volnay Santenots vor Farbe, Duft und Tannin nur so strotzen und das Come-back des roten Burgunders manifestieren. Allerdings kann die weltweite Nachfrage unmöglich befriedigt werden. Kein Direktverkauf ab Gut.

Maison Louis Latour ★★★
Beaune

Dieses berühmte Haus ist zwar im Besitz der schönsten Weinberge in den Lagen Corton und Corton-Charlemagne, aber die Domaine-Weine machen nur 10 % des Umsatzes aus. Die Millionen Flaschen Wein des Guts stammen nicht aus eigenen

Weinbergen. Für die einfachen Rotweine der Appellation Côte d'Or ❷-❸ wird junger Most zugekauft, die Weißweine werden aus zugekauftem Traubengut im Hause gekeltert. Der Ausbau erfolgt in den hauseigenen Kellern. Vor allem die Weißweine von Louis Latour sind hervorragend: intensiv fruchtig, mit interessanten Holznoten und großem Lagerpotenzial. Außerhalb von Burgund produziert Latour einen Chardonnay du Pays de l'Ardèche ❷, der dem Vergleich mit guten Gewächsen der Côte d'Or durchaus standhält. Bei Louis Latour werden die Rotweine seit Anfang des 20. Jahrhunderts pasteurisiert. Sie sind von eher heller Farbe, etwas weich, altern aber gut.

Domaine Leflaive ★★★★★
Puligny-Montrachet
Nach fünf Jahren Versuchsphase hat Anne-Claude Leflaive diesen Vorzeigebetrieb der Appellation auf biologische Wirtschaftsweise umgestellt. Sie erzeugt die reichhaltigsten und komplexesten Grands crus und Premiers crus ❺ der Gemeinde Puligny-Montrachet, wie sie es als Wahrerin der großen Familientradition ihrem Großvater Joseph schuldig ist, der den Betrieb 1929 gründete. Domaine Leflaive ist der Maßstab, an dem sich jeder große Chardonnay messen lassen muss. Leider werden keine Neukunden angenommen und die Stammkunden erhalten nur ein streng beschränktes Kontingent.

Maison Olivier Leflaive ★★★★
Puligny-Montrachet

Weil die Domaine Leflaive sich nicht vergrößern konnte, hatte Olivier Leflaive die geniale Idee, ein unabhängiges Handelshaus zu gründen, um der unersättlichen Nachfrage der internationalen Kundschaft zu entsprechen. Von Anfang an wachte er darüber, die beiden Unternehmen vollständig unabhängig voneinander arbeiten zu lassen und dabei gleichzeitig den unnachahmlich eleganten Stil der Domäne auch auf das Handelshaus zu übertragen. Diesem Ziel war man noch nie näher als heute, was dem Talent und dem unermüdlichen Einsatz des Kellermeisters Frank Grux zu verdanken ist. Man hat sich auf Weißwein spezialisiert (über 90 % der Produktion, ❷–❺) und hat raffinierte, reine Weine im Programm, die den gekonnten Einsatz von Holz verraten.

Château de Meursault ★★
Meursault

Das Schloss gehört wegen seiner großartigen Keller zu den meistbesuchten Gütern in ganz Burgund. Darüber sollte man nicht vergessen, dass hier sehr schöne, terroirtypische Weine mit großem Lagerpotenzial erzeugt werden, für Privatkunden allerdings zu leicht überhöhten Preisen ❸ – ❺.

Domaine Michelot ★★
Meursault
Bernard Michelot hat sein schönes Gut zwar unter seinen Töchtern aufgeteilt, doch die Vinifikation und der Vertrieb erfolgen zentral von hier. Die Weine sind ausgesprochen buttrig und haben deutliche Haselnuss-Röst-Aromen. Sie lassen sich gut lagern und entwickeln nach acht Jahren ein viel klassischeres Bukett. Der Meursault Genevrières Premier cru ❺ ist der Liebling des Hauses.

Mommessin-Clos de Tart ★★★★★

Charmay-lès-Mâcon

Mommessin ist in erster Linie ein großes Handelshaus, das Weine aus dem Mâconnais und dem Beaujolais vertreibt. Die Familie Mommessin hat das Handelshaus verkauft, nicht aber das Schmuckstück, den Weinberg Morey St-Denis Grand cru Clos de Tart ❺. Er wurde im 12. Jahrhundert von Benediktinermönchen angelegt – und ist als einziger Clos in Burgund im Laufe seiner Geschichte nie geteilt worden. Dieser Rotwein hat ein Lagerpotenzial von Jahrzehnten.

Domaine Henri Naudin-Ferand ★★

Magny-Les-Villers

Nach ihrem erfolgreichen Agronomiestudium hat eine der Töchter den Familienbetrieb übernommen. Das Terroir ist für die weißen Sorten Aligoté und Chardonnay besonders geeignet. Hier gedeihen feine, lebhafte, erfrischende und tadellos vinifizierte Gewächse. Und sie sind ausgesprochen preisgünstig, so z. B. der weiße Bourgogne Aligoté traditionnelle ❶. Auch der rote und der weiße Bourgogne Hautes-Côtes de Nuits ❶–❷ sind ihren Preis wert.

Château de Pommard ★★★

Pommard

Jean-Louis Laplanche, einer der berühmtesten Psychiater Frankreichs, ist der Besitzer dieses Guts und erzeugt jedes Jahr, nach dem Vorbild der Châteaux von Bordeaux, nur einen einzigen Wein: 40 000 Flaschen Château Pommard ❺. Der Rest seiner Produktion wird an den Handel verkauft. Die Weinberge werden sorgfältig gepflegt und die Ernte streng nach Qualität ausgelesen. So entsteht ein ausgeglichener, körperreicher tanninhaltiger Rotwein von intensiver Farbe.

Domaine Jacques Prieur ★★★★

Meursault

Dieses angesehene Gut ist im Besitz großer Lagen und hat unter der Leitung von Martin Prieur und der Önologin Nadine Gublin Tritt gefasst. Die weißen Trauben werden mit höchster physiologischer Reife gelesen und ergeben reiche Weißweine ❺ von komplexem Aroma, das den guten Lagen zu verdanken ist, allerdings mit Ausnahme des Puligny-Montrachet ❺ nur in winzigsten Mengen. Die Rotweine sind wahre »Modell-Burgunder« von tiefer Farbe, üppig, aber auch voller Rasse. Primeurverkauf auch an Privatkunden.

Domaine Michel Prunier ★★

Auxey-Duresses

Michel Prunier ist ein Garant für Qualität in Auxey-Duresses. Seine Weine sind von einer ungewöhnlich intensiven Farbe und duften nach roten Beeren und schwarzen Johannisbeeren. Sein roter Premier cru Clos du Val ❹ hat in einigen Wettbewerben den ersten Platz errungen. Die Weißweine ❸ haben enorme Fortschritte gemacht und sind heute auf der Höhe eines guten Meursault. Abgerundet wird die Palette durch den Beaunes Les Sizies ❹ und den Volnay Caillerets ❹, beide sehr gut.

Château de Puligny-Montrachet ★★

Puligny-Montrachet

Das Schloss gehört dem Crédit foncier de France und spielt eine wichtige Rolle in der Weinszene Burgunds. Dank dem umsichtigen Regisseur Claude Schneider spielt es seine Rolle gut: In kurzer Zeit hat man eine ganze Sammlung guter Weißweinlagen hinzugekauft, darunter auch winzige Parzellen von Bâtrad-Montrachet und Montrachet. Der Löwenanteil der jährlichen Weinproduktion wird an die glücklichen Mitarbeiter des Crédit foncier verkauft.

Domaine Ramonet ★★★★
Chassagne-Montrachet

Dieses legendäre Weingut exportiert seit einem halben Jahrhundert in die ganze Welt. Pierre Ramonet war ein Weinmacher wie kein zweiter, seinem Sohn André gelangen Höchstleistungen, aber er musste auch Niederlagen einstecken. Jetzt leiten die Enkel die Domäne. Sie haben sich das Ziel gesteckt, die Welt jedes Jahr mit ihren Weinen ❺ zu beeindrucken. Man tendiert dabei eher zu Kraft als zu Finesse und oft ist eine lange Flaschenlagerung nötig, damit der Wein eine gewisse Flegelhaftigkeit ablegen kann. Die Rotweine sind kräftig im Bukett wie im Körper und altern gut.

Domaine Rapet Père et Fils ★★★
Pernand-Vergelesses
Die Familie Rapet legen Wert auf gut gemachte Arbeit. Deswegen findet man hier Qualitätsweine zu äußerst vernünftigen Preisen. Der Corton-Charlemagne ❹ ist der Stolz des Hauses, er kann exquisit sein, braucht aber zehn Jahre Flaschenlagerung, um sein Potenzial voll zu entfalten. Der rote und der weiße Pernand-Vergelesses ❸, der rote Corton ❺ und der Beaune Clos du Roi ❸ sind in der Aromatik vielleicht manchmal etwas schwer, haben jedoch stets Charakter.

Domaine Roux Père et Fils ★★
Saint-Aubin
Die Familie Roux setzt sich sehr für die Produktion des Saint-Aubin ein. Die Weine sind leicht zugänglich und ansprechend, die Weißen (Saint-Aubin La Pucelle ❷) haben eine dezente Butternote, die Roten sind sehr fruchtig. Lange Lagerzeiten bekommen ihnen aber nicht gut.

Etienne Sauzet ★★★★
Puligny-Montrachet
Gérard Boudot ist es zu verdanken, dass das Weingut des Großvaters seiner Frau in aller Welt bekannt geworden ist. Die Verantwortung, die dabei auf seinen Schultern lastete, war groß, denn er kam als Fremder und sah sich unversehens zuständig für einige der angesehensten Lagen von Puligny-Montrachet. Der äußerst gewissenhafte und umsichtige Weinmacher hat mit feinen, reinen Aromen einen unendlich verführerischen Stil delikater, brillanter Weine ❺ entwickelt.

Domaine Tollot-Beaut et Fils ★★★
Chorey-lès-Beaune

Diese Domaine war ein Pionier der Erzeugerabfüllung. Man gehörte zu den Ersten, die den Wein selbst auf Flaschen zogen. Zum Weinbergsbesitz gehören Parzellen in den besten Lagen von Beaune ❹, Savigny-lès-Beaune ❸, Aloxe-Corton ❹ und Chorey-lès-Beaune, man legt Wert auf einen besonders reintönigen Ausdruck der Sorte Pinot noir. Die Weine der letzten Jahre begeisterten durch die gekonnte Verbindung von Eleganz und Körper.

CÔTE CHALONNAISE

Domaine René Bourgeon ★★
Givry

René Bourgeon und sein Sohn setzen alles daran, aus den Reben von Jambles und Givry die besten Weine zu keltern. Um die schönste Farbe und die delikatesten Aromen zu erhalten, hat man auf Kaltmaischegärung umgestellt. Zuerst erschraken die Winzerkollegen über die eigenwilligen Weine ❶–❷, heute sind sie anerkannt; man versucht sogar, ihren Stil zu imitieren.

Domaine Brintet ★★
Mercurey

Die Domaine wird von einem jungen Winzerpaar geleitet und macht seit kurzem mit einer schönen Palette von Mercurey-Weinen auf sich aufmerksam. Die besten sind der weiße Mercurey vieilles vignes ❸ und die roten La Levrière und La Charmée, beide ❷.

Antonin Rodet ★–★★★
Mercurey

Bertrand Devillard hat dieses alte Handelshaus Schritt für Schritt modernisiert. Seine Ziele waren dabei ehrgeizig: Zum einen wollte er Weine der einfachen Appellation Bourgogne mit einem guten Preis-Wert-Verhältnis erzeugen, zum andern Weine mit Gemeinde-Appellationen, die den Vergleich mit den Gewächsen der besten Produzenten nicht zu scheuen brauchen. Beides ist ihm geglückt. Seine besten Weine von der Côte d'Or gelangen unter dem Namen Cave Privée ❺ in den Handel.

Caves des Vignerons de Buxy ★
Buxy

Die Kooperative von Buxy spielt in der Weinproduktion der Côte Chalonnaise eine Hauptrolle. Sie hat ihre Anlagen modernisiert und ihre Mitglieder zu einer Partnerschaft für Qualität motiviert. Ihre teureren Weine sind immer noch preiswert ❷ und von durchweg guter Qualität.

Domaine Aubert et Pamela de Villaine ★–★★
Bouzeron

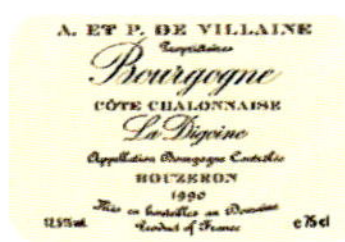

Aubert de Villaine ist einer der beiden Verantwortlichen für die Domaine de Romanée-Conti. Gerne zieht er sich nach Bouzeron, in diese hinterste Ecke Burgunds, zurück. Er erzeugt hier einen köstlichen weißen Aligoté ❷, den er hegt und pflegt wie einen Grand cru, einen ebenso guten Chardonnay ❹ und einen roten Burgunder La Digoine ❹, wie man ihn in dieser Qualität in dieser Gegend noch nicht kannte.

MÂCONNAIS

Domaine de la Bongran ★★★
Clessé

Jean Thévenet ist unbestreitbar ein Garant für Qualität im Mâconnais. Das Mikroklima von Clessé ermöglicht ihm die Lese von edelfaulen Trauben und erlaubt ihm so die Erzeugung von exquisiten Süßweinen ❺. Aber auch seine einfacheren Pouilly-Fuissé-Weine ❸ vermögen zu überzeugen.

Domaine J.-A. Ferret ★★★★
Fuissé

Kein Zweifel, die Domaine Ferret erzeugt mit der Serie Tête de Cru und Hors-Classe, alle ❺, Weine, die zu den allerbesten der Appellation Pouilly-Fuissé gehören: Ihr Körper, ihre Rasse und ihr unglaublich langer Abgang verleiten zum Träumen.

Château de Fuissé ★★★
Fuissé

Das Schlossgut gab dem Weißwein der ganzen Region seinen Namen. Heute hat eine neue Generation von Weinmachern hier das Sagen und erzeugt aus alten Reben und reifem Traubengut bemerkenswerte Pouilly-Fuissé-Weine ❸–❺.

Domaine Guffens-Heynen ★★★★★
Vergisson

Es gibt kaum gepflegtere Weinberge als jene der winzigen Domaine. Man kann sich vorstellen, wie sehr Manie Guffens, eine Winzerin mit Leib und Seele, angesichts der fortschreitenden Industrialisierung der Weinberge des Mâconnais leiden muss. Wie zum Trost liefert sie ihrem Gatten Jean-Marie Traubengut von optimaler Reife und Qualität, das er mit geradezu genialer Intuition keltert und vinifiziert. Aus dieser Zusammenarbeit entstehen ohne Zweifel die besten Weißweine des Mâconnais ❺, üppig und elegant zugleich. Sie setzen weltweit Maßstäbe in Sachen Qualität.

Groupement des Producteurs de Prissé ★–★★
Prissé

Die Weißweine sind leicht, aber gut. Allerdings tut man beim St-Véran ❷–❸ mit Eichenfasslagerung (»elevé en fût de chêne«) etwas zu viel des Guten: Die Holznote deckt das Frucht-aroma zu. Der rote Mâcon ❸ ist ein würziger Gamay und man erzeugt aus Pinot noir und Gamay auch einen frischen Bourgogne passe-tout-grain ❷.

Verget ★★★★
Sologny

Überzeugt von seinem Talent als Weinmacher, aber ohne das nötige Kleingeld, um sich Weinberge in den besten Lagen Burgunds zu kaufen, hatte Jean-Marie Guffens die glänzende Idee, zusammen mit seinem Partner Jean Rijckart ein Handelshaus zu gründen. Man erzeugt ausschließlich Weißwein aus zugekauften Trauben. Guffens ist ein Meister seines Fachs, der die blasiertesten Profis und die anspruchsvollsten Weinliebhaber begeistern kann und die Nachfrage nach seinen Weinen, vom einfachen Bourgogne Aligoté ❶ bis zum Corton-Charlemagne ❺, kaum zu befriedigen vermag.

BEAUJOLAIS

Domaine Berrod ★★
Les Roches du Vivier
Die Weinberge dieser ausgezeichneten Domaine liegen zwischen Fleurie und Moulin-à-Vent. Die Weine beider Appellationen ❷ gleichen sich im Stil: Sie sind von intensiver Farbe, kräftig und sehr fruchtig und sollten mindestens zwei Jahre in der Flasche lagern.

Domaine Pierre-Marie Chermette ★★
Saint-Vérand
Pierre-Marie Chermette störte sich daran, wie gedankenlos und mechanisch man in Paris den halbindustriell gefertigten Beaujolais primeur schluckte. Er hat als Erster erkannt, dass sich hier eine Rückbesinnung aufdrängt. Sein Beaujolais primeur ❶ ohne Aufzuckerung war in Frankreich ein echtes Medienereignis und hat mit seiner unverfälschten Gamay-typischen Fruchtigkeit den großen Erfolg verdient. Man keltert hier aber auch feinduftige Rotweine mit längerer Lagerfähigkeit: Fleurie und Moulin-à-Vent, beide ❷.

Georges Dubœuf ★★★–★★★★★
Romanèche-Thorins

Dubœuf ist in der ganzen Welt der Inbegriff für fruchtigen, saftigen Beaujolais. Wenige Produzenten haben eine Region so sehr geprägt. Georges Dubœuf ist ein begnadeter Degustator und ein Meister der hohen Kunst des Verschneidens. Besonders zu empfehlen sind seine Rotweine aus dem nördlichen Teil des Beaujolais: der stoffige, aromenreiche Fleurie ❶–❷, der Moulin-à-Vent ❶–❷ mit der gekonnten Holznote, den man drei bis fünf Jahre lagern sollte, wie auch sein Chenas ❶ und Juliénas ❶.

Château des Jacques ★★★
Romanèche-Thorins

Die Domaine ist von Louis Jadot übernommen worden, was sofort spürbar wurde, vor allem bei den Einzellagen (Clos) aus Moulin-à-Vent: Rochegrès ❸, Conquelin ❸, La Roche ❸ und Champ de Cour ❸ sind Rotweine, die sich mit den Gewächsen der Côte d'Or messen können.

Château Thivin ★★
Odenas

Claude-Vincent Geoffray produziert in Odenas einen wunderbaren Côte de Brouilly von schöner Farbe, mit frischem, fruchtigem Duft und gutem Körper ❷.

Zwölf der besten Burgunder-Erzeuger:

Diese Vinoteca-Selektion berücksichtigt Produzenten, die sich im letzten Jahrzehnt ständig an der Spitze behauptet haben.	
Maison Albert Bichot	★–★★
Bouchard Père et Fils	★★–★★★
Joseph Drouhin	★★★–★★★★
Dubœuf	★★–★★★
Faiveley	★★–★★★★
Jacques Germain	★★–★★★
Hospices de Beaune	★★–★★★
Jadot	★★–★★★★
Louis Latour	★★–★★★★
Leroy	★★★–★★★★★
Moillard-Grivot	★★–★★★
Mongeard-Mugneret	★★–★★★★

Die Vinoteca-Empfehlungen

Hier sind einige Beispiele von Weinen durch alle Preislagen und Kategorien, die sich durch zuverlässige Qualität und Preiswertigkeit auszeichnen. Sie werden alle in größeren Mengen erzeugt, sodass die Chancen gut stehen, sie im Handel (Bezugsquellen S. 76) zu finden. Wo kein Seitenverweis angegeben ist, handelt es sich um gute Weine von Erzeugern, die nicht im Guide beschrieben sind. Für Verfügbarkeit und Preisangaben kann keine Garantie übernommen werden.

Weinname	🍷	★	❶	🍾	👄
Crémant de Bourgogne, André Delorme	feiner Schaum, ausgewogen, kräftig	★★	❶–❷	kommt trinkbereit auf den Markt	Austern, Lachs, Aperitif-Gebäck
Bourgogne Aligoté, Morin Père et Fils	blumiges Aroma, präsente Säure	★–★★	❶–❷	jung am besten, bis 2 Jahre	Vorspeisen, fritierter Fisch, Schnecken
Mâcon-Villages, Teppes de Chatenay	reife Zitrusfrucht, im Gaumen frisch	★★	❷–❸	innerhalb 2 Jahren trinken	Räucherfisch, Austern, Quiche, Tortilla
Pouilly-Fuissé, Château de Beauregard	volles Gelb, reife Frucht, Honignote	★★–★★★	❸–❹	innerhalb 2 Jahren trinken	Fisch, Meeresfrüchte, Lachs, Geflügel
Beaune, Premier cru Clos des Mouches, Maison Joseph Drouhin (S. 63)	gelbgrün, Aromen von Blumen, Honig und Vanille	★★★	❹–❺	innerhalb 5 Jahren trinken	Edelfisch, z. B. Zander, Hecht, auch Meeresfrüchte
Corton-Charlemagne, Grand cru, Domaine Louis Latour (S. 64)	subtiles Gelb, Aromen von Vanille und Honig	★★★–★★★★	❺	optimal nach 4–8 Jahren	Hummer, Jakobsmuscheln, Steinbutt, Carpaccio, Geflügel
Beaujolais, S.C.E.A. Domaine Château de Pizay	mittleres Rot, intensive Beerenaromatik, erfrischend	★–★★	❶–❷	innerhalb 2 Jahren trinken	Käse, Chili con Carne, gegrilltes Gemüse
Fleurie, Beaujolais-Cru, Domaine des Quatre Vents, Georges Dubœuf (S. 70)	intensives Rot, blumiges Aroma, würzig-süßliche Frucht, ausgewogen	★★	❷–❸	kann 3 Jahre lagern	Eintopfgerichte, Weichkäse, leichte Fleischgerichte, gebratene Leber, Geflügel
Mercurey, Les Mauvarennes, Maison Faiveley	sattes Purpur, Aromen roter Beeren, Rauch und Leder	★★–★★★	❸	kann 5–8 Jahre reifen	gebratene Ente, Nieren, Ochsenschwanz, Rindfleisch
Beaune, Premier cru, Clos-des-Ursules, Jadot (S. 64)	sattes Rot, Himbeeraroma, elegant	★★★	❹–❺	nach rund 5 Jahren optimal	Schinken, Fleischpasteten, Geflügel
Vosne-Romanée, Domaine Mongeard-Mugneret	volles Rot, Aromen von schwarzen Beeren, kräftig	★★★	❸–❹	kann 5–8 Jahre reifen	Wildgeflügel, geschmortes Rindfleisch, Hase
Le Corton, Grand cru, Bouchard Père et Fils (S. 61)	dunkles Rot, erdigbeeriges Aroma, voll und kräftig	★★★–★★★★	❹–❺	sollte sich über 15 Jahre gut entwickeln	Coq au vin, Wildgeflügel, Bœuf Bourguignon

Gut einkaufen

IN BURGUND SELBST

Beim Weinerzeuger
An der Quelle selbst macht der Weinkauf am meisten Spaß. Sie können vor Ort degustieren und diskutieren, in kleineren Weingütern meist mit dem Inhaber oder Kellermeister persönlich. Sie dürfen sich in den Rebbergen und im Keller umsehen und erhalten so einen guten Eindruck des Betriebes.
In Burgund ist der Direktkauf aber leider nicht bei allen Erzeugern möglich. Manche der berühmtesten Domainen mit einer Produktion von weniger als 100 000 Flaschen sind von Jahr zu Jahr vollständig ausverkauft und empfangen deshalb keine Privat- und Neukunden. Bei allen anderen Gütern empfiehlt sich eine Voranmeldung. Die großen Handelshäuser in Beaune haben Keller, in denen man ihre (einfacheren) Weine verkosten kann.

Beim Kauf im Weingebiet beachten
Wenn Sie Ihren Wein schon am Anfang des Urlaubs kaufen, fahren Sie ihn möglichst nicht tage- oder wochenlang im Auto spazieren, wo er – namentlich im Sommer – starken Temperaturschwankungen ausgesetzt ist. Suchen Sie Ihrer kostbaren Fracht bis zur Heimreise ein kühles Plätzchen.

IM WEINFACHHANDEL

Im Weinfachgeschäft
Fast jedes Fachgeschäft hat sein oder seine Spezialgebiete. Sie sollten in unserm Fall Ausschau halten nach einem Burgunder- oder Frankreich-Spezialisten. Ideal ist natürlich, wenn Sie sich »Ihren« Weinhändler aufbauen und einen Fachmann zur Hand haben, dem Sie vertrauen. Als Stammkunde wird er Sie bevorzugt behandeln, er wird sich Zeit zum Fachsimpeln nehmen und Ihnen wertvolle Tipps vermitteln können, besonders wenn er, was meistens der Fall ist, seine Lieferanten persönlich kennt.

Beim Weinversender
Zumindest große Versandhändler haben oft ein interessantes und übersichtlich gestaltetes Angebot. Burgund nimmt darin oft eine bevorzugte Stelle ein. Mittels Schnupperpaketen oder -angeboten ist es möglich, sich zu einem Vorzugspreis einzelne Probierflaschen zustellen zu lassen.

Beurteilung der Einkaufsquellen

Einkaufsquelle	Auswahl	Preise	Verkostung	Beratung	Service
Weingut, Erzeuger	minimal	normal	ideal möglich	sehr gut	gut
Weinhandlung im Weingebiet	regional maximal	normal	beschränkt möglich	gut bis sehr gut	gut
Weinfachhandel	optimal auch im oberen Bereich	eher hoch	gut bis sehr gut möglich	gut bis sehr gut	sehr kulant
Weinversender	gut bis sehr gut	eher hoch	nur über Probebestellung	gut	sehr kulant
Verbrauchermarkt	sehr gut im unteren Preisbereich	günstig	kaum möglich, außer bei Aktionen	minimal	minimal
Messen	sehr unterschiedlich je nach Messe	normal	in der Regel gut möglich	normal bis sehr gut	normal

Auf Weinmessen

Für viele Leute sind sie Anlass, zu einigen Gratis-Gläschen zu kommen. Doch aufgepasst: Im Rummel und vor allem in leicht beschwipstem Zustand hat schon mancher Besucher übereilt gekauft. Wenn auf einer Messe aber in Ruhe verkostet und verglichen und mit dem Aussteller ein vernünftiges Wort gewechselt werden kann, so ist diese Einkaufsquelle durchaus empfehlenswert.

IM LEBENSMITTELHANDEL

In den Supermärkten hat der Wein einen hohen Stellenwert und manche der Ladenketten haben sehr erfahrene Einkäufer. Durch die Einkaufsmengen können sie besonders im unteren Preisbereich (Beaujolais) oft günstige Angebote unterbreiten. Im Discount ist dies der Fall bei Aldi, in den Supermärkten Spar, Rewe, Kaiser's, Walmart und Eurospar.

In den Weinregalen der Kaufhäuser Kaufhof, Karstadt, Hertie, Horten und besonders im Berliner KaDeWe entdecken Sie teilweise hervorragende Weine. Im Bereich um die zehn Mark und mit ausgezeichnetem Preis-Wert-Verhältnis sind Edeka, Tengelmann, Familia Nord oder Globus stark. Mehr erfahren Sie im Vinoteca-Band »Einkaufs-Guide Wein«.

FRAGEN AN DEN VERKÄUFER

Über die generellen Punkte der Burgunder Weine, wie Weintypologie, Weinzonen oder Jahrgänge, wissen Sie jetzt dank diesem Band bestens Bescheid. Was Sie erfragen sollten, sind Einzelheiten und Eigenheiten eines Produzenten und seiner Weine.

- Zu den Rebsorten: Welche sind zu welchen Anteilen in diesem Wein enthalten, sofern dies nicht auf dem Etikett vermerkt ist? (S. 18–21)
- Was ist spezifisch für das Terroir des Betriebs, für Kulturform und die Pflanzdichte der Reben? (S. 22–25)
- Zur Ernte: Wurden die Trauben handgelesen oder maschinell geerntet? (S. 24)
- Zur Weinbereitung: Wie lange dauern Maischezeit und Vergärung? (S. 26f.)
- Zum Ausbau: Wie lange war der Wein im Tank, im Holzfass oder in der Barrique? (S. 26f.)
- Zum Produzenten: Wie groß ist der Betrieb? Wie alt ist er? Welches ist der Werdegang des Winzers, wer sind seine Berater (Önologen)? (S. 56ff.)
- Zum Jahrgang: Gab es beim Erzeuger Besonderheiten in diesem Jahr? (S. 30f.)
- Zum Wein: Was sind die Charakteristiken und zu welchen Gerichten empfiehlt er sich? (S. 50)
- Zur Lagerfähigkeit: Wann ist die optimale Trinkreife erreicht? Wie viele Jahre kann er maximal gelagert werden? (S. 31)

Klug einkellern

Auf diesen Seiten vermitteln wir Ihnen einige Anregungen und Ratschläge für den Einkauf von Burgundern und den Aufbau eines kleinen Vorrats oder gar einer Burgunder-Abteilung in Ihrem Weinkeller.
Zuvor ein paar Sätze zur Lagerung: Wein soll bei gleichmäßig kühler Temperatur – ideal: 10 °C – 12 °C, lieber 18 °C konstant statt zwischen 2 °C und 32 °C schwankend – gelagert werden; fern von Chemikalien, Auspuffgasen oder Heizkesseln. Die Flaschen werden liegend gelagert, damit der Kork mit dem Wein in Kontakt bleibt und nicht austrocknet.

Zur Einkaufsplanung

Am besten legen Sie sich einen Einkaufs- oder Einlagerungsplan zurecht. Anhand des kleinen Schemas unten können Sie dann Ihren Jahresbedarf an Flaschen und das erforderliche Budget abschätzen.
Kreuzen Sie bei jedem Punkt im Schema an, was für Sie zutrifft, und setzen Sie in der letzten Spalte die über den Spalten genannten Punktzahlen ein:

	3	2	1	Punkte
Stellenwert von Burgund	hoch	mittel	gering	
eigene Lagermöglichkeiten	ideal	beschränkt	gering	
Weinkonsum pro Woche	mehr als 5 Fl.	bis 5 Flaschen	bis 2 Flaschen	
Punkte insgesamt				

Entsprechend der Punktzahl haben wir einige Vorschläge für Sie ausgearbeitet, die Sie natürlich noch ganz nach Ihren eigenen Vorlieben und Bedürfnissen variieren können.
Vorschläge zu den genannten Weinen finden Sie in unserem Guide zu Gütern und Weinen ab S. 56.

8–9 Punkte

Sie sind ein ausgesprochener Weinfreak und lieben Burgunder. Für Sie kommt nur das Beste in Frage. Richten Sie in Ihrem Weinkeller eine Ecke dafür ein und pflegen Sie diesen Vorrat. Mit 1000 bis 1500 DM/500 bis 750 € müssen Sie dabei rechnen.
Unser Einkaufsvorschlag:

24 Flaschen einfache Rotweine ❶–❷	DM 240,–
12 Flaschen Weißwein ❶–❷	DM 120,–
12 Flaschen festlicher Rotwein ❷–❸	DM 200,–
12 Flaschen Lagerweine ❸–❺	DM 400,–
6 Flaschen Grand cru oder Premier cru ❺	DM 500,–
54 Flaschen total	DM 1460,–

5–7 Punkte

Sie haben viel übrig für Burgunder. Sie sollten einen schönen Querschnitt an Gewächsen im Vorrat haben. Rechnen Sie mit ca. 500 DM/250 €.

12 Flaschen Alltagsweine (Beaujolais/Mâcon) ❶–❷	DM 120,–
6 Flaschen Sonntagsweine (trinkreif) ❷–❸	DM 120,–
6 Flaschen Lagerweine ❸–❹	DM 240,–
24 Flaschen total	DM 480,–

3–4 Punkte

Burgund ist für Sie ein Weingebiet unter vielen. Sie werden sich also einige schöne Flaschen bereithalten und wann immer Sie die Lust überkommt, eine davon entkorken. Rechnen Sie mit einer Investition von gut 200 DM/100 €.

6 Flaschen Alltagsweine (Beaujolais/Mâcon) ❶–❷	DM 60,–
3 Flaschen Sonntagsweine ❷–❸	DM 60,–
3 Flaschen Lagerweine ❸–❹	DM 120,–
12 Flaschen total	DM 240,–

Richtig servieren

Gläser machen Weine, sagt man nicht zu Unrecht. Ein einfacher Tropfen schmeckt besser aus einem schönen Glas und ein kostbares Gewächs kommt in einem Kelch besser zur Geltung.
Gute Weingläser haben Tulpenform. Sie werden nur zu einem Drittel gefüllt, damit sich im verjüngenden Hohlraum oben das Bukett sammeln kann. Je komplexer und hochklassiger ein Wein ist, desto voluminöser sollte das Weinglas sein.

Hier sehen Sie drei gute Beispiele für Burgunder. Links ein stilvolles Glas für fruchtige, frische Weißweine. Ein zartes Bukett steigt aus einem schlanken Kelch besonders fein in die Nase. In der Mitte ein einfaches, aber zweckmäßiges Glas für einfache Weine des Alltags wie Beaujolais oder Bourgogne Passe-tout-grain. Rechts ein voluminöses Rotweinglas, das selbst den großartigsten Burgunder Crus gerecht wird – und auch Weißweinen mit Barrique-Ausbau. Ehre, wem Ehre gebührt!

Achten Sie auf die richtige Ausschanktemperatur. Die Tabelle unten gibt Auskunft. Zu kühl ist in jedem Fall besser als zu warm. Bei Zimmertemperatur, die ja meist über 20 °C liegt, erwärmen sich die Weine im Glas rasch und die Trinktemperatur steigt schnell um einige Grade an.

8 – 10 °C	junge Weißweine
10 – 12 °C	Beaujolais
12 – 14 °C	große Weißweine (Crus)
14 – 16 °C	gehaltvolle Rotweine
16 – 18 °C	große Rotweine (Crus)

Dieser schlanke Kelch ist ein gutes Weißweinglas.

Ein einfacher Glastyp für rote und weiße Alltagsweine.

Dieser voluminöse Kelch wird edlen, kräftigen Rotweinen gerecht.

BEZUGSQUELLEN

Weinfach- und Weinversandgeschäfte mit gutem Burgund-Sortiment:
48341 Altenberge, Linie François
Tel. 0 25 05/94 92 33, Fax 94 92 35
64295 Bensheim, Weingalerie Spundloch
Tel. 0 62 51/6 57 48, Fax 6 01 29
88276 Berg, J. P. Rouanet – La Vinothek
Tel. 07 51/5 89 64, Fax 5 89 63
10711 Berlin-Halensee, La Vinothèque du Sommelier
Tel. 0 30/89 09 58 06, Fax 89 09 58 07
44803 Bochum, Le Pinot Noir
Tel. 02 34/30 02 66, Fax 30 02 48
55294 Bodenheim, Nobles Vins de France
Tel. 0 61 35/46 30, Fax 30 90
28217 Bremen, Ludwig von Kapff GmbH
Tel. 04 21/3 99 43 00, Fax 3 99 43 01
86807 Buchloe, Alpina
Tel. 0 82 41/50 05 47, Fax 50 05 44
64295 Darmstadt, L'Uva rara
Tel. 0 61 51/30 58 97, Fax 30 58 99
44149 Dortmund, Mövenpick Weinland
Tel. 02 31/9 65 15 60, Fax 96 51 56 99
40219 Düsseldorf, Jacques' Weindepot
Tel. 02 11/39 00 20, Fax 3 90 02 68
99092 Erfurt, La Petite France
Tel. 03 61/2 11 09 00, Fax 03 61/2 11 10 03
79104 Freiburg, Weinhandlung Drexler
Tel. 07 61/3 39 23, Fax 2 46 36
85356 Freising, Burgundia Weinhandel
Tel. 0 81 61/93 44 87, Fax 0 81 61/93 44 88
22607 Hamburg, Titanic Warenhandels-GmbH
Tel. 0 40/8 90 81 90, Fax 89 08 19 19
77694 Kehl, France Vinicole GmbH
Tel. 0 78 51/7 40 10, Fax 74 01 11
50939 Köln, Dieckmann's Wein
Tel. 02 21/44 49 09, Fax 44 91 32
50999 Köln, Karola Dünwald Weinhandel
Tel. 02 21/35 26 24, Fax 39 45 69
50667 Köln, Fegers & Unterberg & Berts
Tel. 02 21/2 58 15 30, Fax 2 58 24 18
50933 Köln, Kölner Weinkeller
Tel. 02 21/1 49 87 20, Fax 1 49 98 72
53639 Königswinter, G. Wahnschaffe Weinimport, Tel. 0 22 23/2 69 60, Fax 40 19
68259 Mannheim, Irmgard's Wein-Capinet
Tel. 06 21/7 99 29 11, Fax 7 99 29 12
41063 Mönchengladbach, N + M Weine GmbH
Tel. 0 21 61/18 13 16, Fax 2 02 91
41063 Mönchengladbach, WeinContor
Tel. 0 21 61/8 82 23, Fax 8 82 35
81667 München, Académie du Vin
Tel. 0 89/48 95 15 76, Fax 48 95 15 77
80687 München, Le Taster
Tel. 0 89/57 88 15, Fax 57 50 24
66128 Saarbrücken, Weine Wolfgang Wuttke
Tel. 06 81/70 08 03, Fax 70 04 48
70178 Stuttgart, Achim Grossmann
Tel. 07 11/6 07 16 72, Fax 6 07 16 79
25436 Tornesch, HAWESKO GmbH
Tel. 0 41 22/5 04 00, Fax 5 10 68
41751 Viersen-Dülken, Feine Weine aus Frankreich, Tel. 0 21 62/5 33 09, Fax 4 56 92
79235 Vogtsburg-Oberbergen, Weingut Schwarzer Adler
Tel. 0 76 62/93 30 93, Fax 7 19
41849 Wassenberg, Weinstock – Marita Phlippen, Tel. 0 24 32/35 74, Fax 4 96 26
28844 Weyhe, Bremer Weinkolleg
Tel. 0 42 03/8 13 00, Fax 81 30 99
65189 Wiesbaden, Weinvertriebs-GmbH
Tel. 06 11/3 08 24 93, Fax 17 31 43
97084 Würzburg, abele vins
Tel. 09 31/60 05 31, Fax 60 05 60

Lebensmittelhandel mit gutem Burgund-Angebot: Globus, Dohle/Hit, Karstadt/Hertie, KaDeWe, Kaufhof Galeria, Wal-mart, Handelshof, Familia/citti, Real, Ratio Cash & Carry, AVA/Edeka mit Marktkauf und dixi. Gut in Preis und Leistung unter 10,– DM (Beaujolais): Aldi, penny, HL und minimal.
Schweiz: Coop, Pick-Pay, vis-à-vis, Familia
Österreich: Merkur, Meinl Gourmet, Wein & Co.

Weitere Bezugsquellen finden Sie im Internet unter der Adresse: www.vinoteca.falken.de

ADRESSEN IN BURGUND

Vorwahl Frankreich: 00 33

Tourismus allgemein
Comité Regional du Tourisme
B.P. 1602
F-21035 Dijon Cedex
Tel. 3 80 50 10 20, Fax 3 80 30 59 45

Le Pays Beaujolais
172 Boulevard Vermorel
F-69400 Villefranche
Tel. 4 74 02 22 00, Fax 4 74 02 22 09

Tourist Office Beaune
Rue de l'Hôtel-Dieu
F-21200 Beaune
Tel. 3 80 26 21 30, Fax 3 80 6 21 39

Für Weininformationen
Bureau Interprofessionnel des Vins de Bourgogne
12, Boulevard Bretonnière
B.P. 150
F-21204 Beaune Cedex
Tel. 3 80 25 04 80, Fax 3 80 25 04 90

Union Interprofessionnel des Vins du Beaujolais
210 en Beaujolais
B.P. 317
F-69661 Villefranche Cedex
Tel. 4 74 02 22 10, Fax 4 74 02 22 19

Weingeschäfte
Maison Denis Perret
Place Carnot
F-21200 Beaune
Tel. 3 80 22 35 47

La Vinothèque
4. Rue Pasumot
F-21200 Beaune
Tel. 3 80 22 86 35

Museen
Musée du Vin de Bourgogne
Rue d'Enfer
F-21200 Beaune
Tel. 3 80 22 08 19

Hospice de Beaune
Rue de l'Hotel-Dieu
F-21200 Beaune
Tel. 3 80 24 45 00

Hotels
Château de Gilly
Gilly-lès-Cîteaux
F-21640 Vougeot
Tel. 3 80 62 89 98, Fax 3 80 62 82 34

Hôtel Le Clarion
F-21420 Aloxe-Corton
Tel. 3 80 26 46 70, Fax 3 80 26 47 16

Hostellerie de Levernois
Route de Combertault, Levernois
F-21200 Beaune
Tel. 3 80 24 73 58, Fax 3 80 22 78 00

Hôtel Le Home
138 Route de Dijon
F-21200 Beaune
Tel. 3 80 22 16 43, Fax 3 80 24 90 74

Hôtel Les Magnolias
8 Rue P. Joigneaux
F-21190 Meursault
Tel. 3 80 21 23 23, Fax 3 80 21 29 10

Château d' Igé
F-71960 Igé
Tel. 3 85 33 33 99, Fax 3 85 33 41 41

Georges Blanc
F-01540 Vonnas
Tel. 4 74 50 90 90, Fax 4 74 50 08 80

INDEX

Im FALKEN Verlag sind zahlreiche Titel zum Thema »Wein« erschienen. Sie finden sie überall dort, wo es Bücher gibt.

Sie finden uns im Internet:
www.falken.de und www.vinoteca.falken.de

Dieses Buch wurde auf chlorfrei gebleichtem und säurefreiem Papier gedruckt.

Der Text dieses Buches entspricht den Regeln der neuen deutschen Rechtschreibung.

ISBN 3 8068 7485 9

Umschlaggestaltung: Peter Udo Pinzer
Konzept: Dr. Gerhard Kebbel
Redaktion: Ulrich Schweizer, Dr. Dietrich Voorgang, Marion Rupp
Producing: Hepfinger:De[sign], Freising
Umschlagfoto: Fotografie Friedemann Rink/Susa Kleeberg, Naurod
Fotos und Illustrationen im Innenteil: Vinum, das internationale Weinmagazin; Hans-Peter Siffert, Fotos der Weinwelt, Zürich
Grafiken und Karten: Ruedi d'Orsini, Freising

Satz: sablNe vogt dtp, Freising
Litho: Brennerstudio, München
Druck: Ernst Uhl, Radolfzell

817 2635 4453 6271